Début d'une série de documents
en couleur

MÉMOIRE SCIENTIFIQUE

SUR LES CAUSES CERTAINES

DE LA MISÈRE

PARMI LES NATIONS

ET LES MOYENS PRATIQUES INFAILLIBLES DE LA DÉTRUIRE

PRÉSENTÉ

An Gouvernement de la République Française

PAR

Jean-Louis VAÏSSE

Publiciste Économiste.

Heureux celui qui peut connaître
les causes des choses. (VIRGILE,

———

PRIX : 60 CENTIMES

———

TOULOUSE

SEUL DÉPOT CHEZ L'AUTEUR

40, BOULEVARD SAINT-AUBIN, 40

Mars 1884.

———

OUVRAGES PUBLIÉS

PAR

Jean-Louis VAÏSSE

RENSEIGNEMENTS. — Tous ces ouvrages se trouvent chez l'auteur, boulevard Saint-Aubin, 40, à Toulouse. — Envoyer un bon de poste ou des timbres-poste de 15 centimes et affranchir les lettres de demandes.

Fin d'une série de documents
en couleur

MÉMOIRE SCIENTIFIQUE

SUR LES CAUSES CERTAINES

DE LA MISÈRE

PARMI LES NATIONS

ET LES MOYENS PRATIQUES INFAILLIBLES DE LA DÉTRUIRE

PRÉSENTÉ

Au Gouvernement de la République Française

PAR

Jean-Louis VAÏSSE

Publiciste Économiste.

> Heureux celui qui peut connaître
> les causes des choses.
> (VIRGILE)

PRIX : 60 CENTIMES

TOULOUSE

SEUL DÉPOT CHEZ L'AUTEUR

40, BOULEVARD SAINT-AUBIN, 40

Mars 1884.

AVIS

Le présent mémoire a été tiré à 1,000 exemplaires :

500 exemplaires ont été envoyés aux députés.

300	—	—	—	aux sénateurs.
20	—	—	remis au conseil munic. de Toulouse.	
100	—	—	envoyés à la presse politique de Paris.	
10	—	—	—	— Toulouse
70	—	—	adressés à divers cercles d'études sociales.	
1,000				

Dans le cas où quelque éditeur de Paris voudrait acheter mon mémoire, je serais disposé à le vendre. Comme cette publication intéresse toutes les classes de la société, je pense que ma démonstration scientifique pourrait être tirée à 100,000 exemplaires et trouverait un écoulement facile.

Avis aux spéculateurs en librairie.

J.-L. V.

A MONSIEUR

Le Président de la République Française,

A MESSIEURS LES DÉPUTÉS, LES SÉNATEURS ET LES MINISTRES

A MESSIEURS LES MEMBRES DE LA COMMISSION D'ENQUÊTE

CHAPITRE PREMIER

INTRODUCTION PHILOSOPHIQUE

MESSIEURS,

Je suis le promoteur et l'initiateur d'une doctrine nouvelle que je nomme : **Le Spiritualisme**.

Mon spiritualisme n'est pas le *Spiritisme d'Allan Kardec*, doctrine dans laquelle le charlatanisme et la fantaisie jouent un trop grand rôle.

Ma doctrine nouvelle peut être définie : *L'esprit* des choses ; le *fond* des choses ; le *dernier mot* des choses ; l'*idéal* des choses.

Enfin ma nouvelle doctrine est absolument scientifique, car elle repose entièrement sur la connaissance *des lois naturelles* ; conséquemment, je suis l'ennemi de tous les systèmes humains et des utopies, que je répudie formellement.

I. — La *vie* est un fait positif et que nul ne saurait mettre en doute ; ce *principe* remplit l'univers et on le rencontre dans tous les domaines de la création.

Les mondes vivent à leur manière ; les planètes tournent sur leur axe et gravitent dans l'espace en décrivant un grand cercle ou ellipse autour des soleils, centres lumineux qui leur prodiguent la lumière et la chaleur, et par suite *la vie*. Les satellites suivent les planètes dans leurs évolutions périodiques ; enfin les comètes, dans leurs courses vagabondes, parcourent les espaces de l'infini : on le voit donc, la vie et le mouvement sont parties intégrantes de *la destinée des mondes*.

Les végétaux vivent aussi à leur manière et sont assujettis à une destinée différente : ils naissent ; ils absorbent les sucs de la terre à l'aide des racines et l'air ambiant par leur feuillage ; ils produisent des fleurs et des fruits ; enfin ils croissent et grandissent, ils vivent ; mais un jour ils se désorganisent, ils sèchent et ils meurent.

Les animaux, y compris l'homme — en faisant abstraction de son intelligence — vivent aussi et ont une destinée qui leur est propre. Ils naissent par la coopération des deux sexes ; ils absorbent et digèrent, se développent et grandissent ; enfin, ils meurent par la désorganisation de leur organisme.

Enfin l'intelligence ou l'esprit de l'homme vit ; l'homme pense, réfléchit, compare, juge et admire ; il a le sentiment des grandeurs et des merveilles de la création, il les étudie pour arriver à les pénétrer et à les comprendre pour pouvoir les démontrer par l'analyse ; la vie intellectuelle de l'âme est enfin un fait acquis à la raison de l'homme et hors de toute contestation. On le voit donc, la vie a été semée à pleines mains dans l'infini univers par le Créateur.

II. — Mais la vie *se manifeste* partout et toujours par des faits que l'on nomme **les phénomènes.**

Les phénomènes de la nature ne surgissent pas inopinément ; ils ne sont le fait ni du hasard ni du caprice, mais la conséquence de l'action *d'une puissance qui agit.* J'ai nommé **les lois de la Nature.**

Connaître les Lois de la Nature, les expliquer, et rendre compte de leur action et de leur puissance dans les destinées de l'univers, telle est l'œuvre immense que l'intelligence humaine a cherché à réaliser à travers les civilisations diverses qui ont surgi dans le monde. Socrate, Platon, Aristote, Virgile, Bacon, Campanella, Buffon et nombre d'autres grandes intelligences, dont les noms échappent à ma mémoire, ont creusé ce plus grand de tous les problèmes de la destinée morale de l'humanité.

M. Hyacinthe Loyson, qui a bien voulu venir à Toulouse, il y a quelque temps, pour nous faire deux conférences ; dans la seconde de ces conférences, faite au théâtre du Capitole, et au cours de sa discussion philosophique, a prononcé ces paroles : « Les lois naturelles, qu'on ne connait pas encore, qu'on a une « peine infinie à découvrir et que peut-être on ne connaîtra « jamais. »

Dans cette circonstance, le grand orateur de l'Eglise catholique — qui a protesté contre le *Syllabus* pour sauver sa conscience du naufrage qui menace le Catholicisme, lequel sombrera tôt ou tard — M. Loyson, dis-je, dans cette circonstance, ne s'est pas rappelé cette grande parole, prononcée par Jésus-Christ, la plus grande des intelligences qui ont vécu dans notre monde : « Tout ce qui est caché doit être « connu et *venir en évidence.* » (Luc VIII-17).

D'où il suit que les lois de la Nature et Dieu lui-même, que l'on a surnommé avec raison le mystère des mystères, doivent un jour être connus et *venir en évidence* à la raison des hommes.

Eh bien, Messieurs du Gouvernement de la République française, cette grande découverte des lois de la Nature est pleinement réalisée à l'heure actuelle, et c'est cette connaissance des lois de la Nature qui régissent tous les phénomènes de la vie dans tous les domaines de la création qui va me permettre de vous faire connaître quelles sont *les causes certaines* de la misère des peuples et aussi *les moyens infaillibles* de la faire disparaître à tout jamais parmi les nations.

Je n'ai pas ici, Messieurs, à vous faire connaître par quel ordre d'idées je suis arrivé à faire cette grande découverte ; quelle est la méthode infaillible qui permet de reconnaître l'existence de ces lois, et la formule qui en est l'expression mathématique ; je n'ai pas à vous dire non plus quel est le nombre de ces lois naturelles ; les divers groupes qu'elles forment entre elles ; et les découvertes nombreuses et considérables qui en seront les conséquences certaines en vue du progrès que réalisera notre société, en vue du bonheur prochain de l'humanité.

Toutes ces grandes discussions m'entraîneraient beaucoup trop loin. Je n'oublie pas d'ailleurs que je me suis *imposé le devoir* de vous venir en aide en vous faisant connaître *les causes certaines* de la misère et *les moyens infaillibles* de la détruire ; et ce sera certainement une des conséquences merveilleuses de ma découverte des lois de la Nature. Aussi, j'ai hâte, Messieurs, d'aborder mon sujet et d'engager la discussion scientifique qui doit faire la lumière dans tous les esprits et amener en même temps le triomphe de la vérité et la chute ou la fin de tous les systèmes ou utopies qui ont envahi les consciences et provoquent le désordre au milieu duquel notre société se débat dans l'impuissance la plus absolue.

Examinons donc la théorie scientifique des effets et des causes qui nous fera connaître quelques-unes des plus importantes lois naturelles qui régissent à la fois la vie des peuples et la vie de l'univers ; connaissance rigoureusement indispensable, si l'on veut arriver à détruire les causes de la misère, et améliorer la condition sociale des travailleurs.

CHAPITRE II

THÉORIE SCIENTIFIQUE DES EFFETS ET DES CAUSES

Démonstration, par l'ÉVIDENCE des faits, de quelques-unes des lois naturelles universelles.

Messieurs,

Virgile, le grand poète latin, fut aussi un grand penseur parmi les *moralistes*, le jour où il émit cette affirmation : « Heureux celui qui peut connaître les causes des choses. »

C'est qu'en effet celui qui connaîtrait les causes des choses serait aussi savant que Dieu, qui a tout organisé dans la Nature, et qui de sa main puissante a enchaîné tous les phénomènes de la vie, chacun à sa cause génératrice et respective ; pour celui-là qui connaîtrait les causes des choses, la Nature n'aurait point de secrets ni de mystères.

Essayons de dévoiler à l'esprit humain les lois puissantes des effets et des causes, afin de dérober à la nature tous ses secrets et de donner à la science de l'économie sociale les moyens pratiques et infaillibles de détruire radicalement la misère parmi les nations.

Pour atteindre ce but et obtenir ce résultat merveilleux, je vais procéder par comparaisons, c'est-à-dire prendre des exemples parmi les faits les plus vulgaires, et dont l'*évidence parfaite* placera mes démonstrations hors de toute contestation, en d'autres termes, j'aurai recours à ce que l'on nomme vulgairement les *vérités de M. de la Palisse*.

I. — Il y a, dans la Nature, des choses qui ont *la puissance de produire et d'engendrer*, ce sont **les causes ;** et d'autres choses qui sont le résultat de cette puissance d'engendrement, ce sont **les effets**. Les causes sont essentiellement actives et indépendantes, les effets au contraire sont *dépendants* et *subordonnés*.

Le *choc* est une cause engendrante et le *bruit* est l'effet engendré par cette cause ; la *lumière* est une autre cause engendrante et la *clarté* est l'effet engendré par cette cause.

Le choc et le bruit sont enchaînés et rivés l'un à l'autre ; la lumière et la clarté sont également enchaînées et rivées l'une à l'autre. Aucune main puissante ne pourra jamais séparer le choc du bruit ou la lumière de la clarté, et briser le lien qui les rive ensemble.

En économie sociale, le *capital* est une *cause engendrante* et le *travail* est l'effet engendré par cette cause ; ces deux éléments de la richesse des peuples sont rivés et enchaînés l'un à l'autre, comme le sont le choc et le bruit, comme le sont la lumière et la clarté ; et aucune main puissante, parmi les hommes, ne pourra jamais rompre le lien qui enchaîne le travail au capital ou qui rive le capital au travail.

Comme il ne saurait jamais y avoir une chose qui engendre sans une chose qui soit engendrée, ni une chose qui soit engendrée sans une chose qui engendre, on a dit avec raison : *Il ne saurait jamais y avoir d'effet sans cause ni de cause sans effet.*

Ainsi, il ne peut pas y avoir de bruit sans un choc qui le produise, ni un choc sans un bruit qui en soit la conséquence forcée. De même, il ne peut pas y avoir de clarté sans une lumière qui la produise, ni de lumière sans une clarté qui en soit la conséquence inévitable.

Par suite de cette *loi naturelle universelle*, je dis qu'il ne saurait y avoir du travail sans un capital, ni de capital sans du travail. En effet, si l'on a un capital d'une importance quelconque on pourra aussitôt organiser le travail pour exploiter ce capital ; et si l'on a un travail quelconque, c'est que l'on peut disposer d'un capital à exploiter, car il est matériellement impossible d'organiser le travail, si l'on n'a pas à sa disposition un capital.

Je résume ma discussion et j'affirme cette *première loi naturelle universelle* : **Il n'y a jamais d'effet sans cause ni de cause sans effet.**

II. — Si je frappe **fort** et **longtemps**, le bruit que je produirai par ce choc répété sera *grand* et durera aussi *longtemps* que le choc qui le produit. Nous voici en présence de deux *éléments physiques* : l'**intensité** et la **durée**. Si, enfin, en frappant j'imite un roulement de tambour, ou le glas funèbre de la cloche, ou tout autre mouvement qu'on voudra, le bruit que je ferai reproduira fidèlement le roulement de tambour, ou le glas funèbre de la cloche, ou enfin le *mouvement* imprimé au choc.

Ce troisième élément, qui détermine le caractère du choc, je le nomme **la nature ou manière d'être.**

Donc, dans ce phénomène du choc et du bruit, je me trouve en présence de trois éléments : 1° l'intensité ; 2° la durée ; 3° la nature ou manière d'être, et je constate que l'*intensité* est identiquement la même pour le choc et le bruit, que la *durée* est aussi la même pour le choc et le bruit, et qu'enfin *la na-*

ture ou *manière d'être* est rigoureusement la même pour le choc et le bruit.

Je résume ma démonstration en disant : *Le choc et le bruit sont toujours en harmonie parfaite.* Si un grand choc produisait un petit bruit ou un petit choc un grand bruit, *ce serait contre nature*; si un choc de longue durée produisait un bruit de courte durée ou un choc de courte durée produisait un bruit de longue durée, *ce serait encore contre nature*; si, enfin, un choc répété et imitant un roulement de tambour produisait un bruit imitant le glas funèbre de la cloche ou inversement, *ce serait toujours contre nature*. Il est donc vrai que le choc et le bruit sont toujours en harmonie parfaite.

Ce qui est vrai du choc et du bruit est tout aussi vrai de la lumière et de la clarté, et vrai également pour une cause quelconque et l'effet engendré par cette cause.

En généralisant cette démonstration, j'obtiens *une deuxième loi no urelle universelle* : **les effets et leurs causes sont toujours en harmonie parfaite.**

III. — *Il est évident*, que si l'on veut augmenter ou diminuer l'*intensité* et la *durée* d'un bruit, il faut absolument augmenter ou diminuer l'intensité et la durée du choc qui engendre ce bruit; de même, si l'on veut augmenter ou diminuer l'intensité et la durée d'une clarté, il faut absolument augmenter ou diminuer l'intensité et la durée de la lumière qui produit et engendre cette clarté, etc.

En généralisant ces phénomènes, nous disons : **Pour modifier la nature d'un effet quelconque, il faut absolument modifier la nature de la cause qui engendre cet effet.** Voilà encore *une troisième loi naturelle universelle* qui régit tous les phénomènes de la vie universelle, attendu que tout changement qui surgit dans l'état d'une cause surgit également dans l'état de l'effet qui est engendré par cette cause, sans cela les effets et les causes ne sauraient être en harmonie parfaite.

IV. — *Il est évident* que si l'on veut *faire cesser* un bruit il n'y a qu'un seul moyen d'y arriver : il faut faire cesser le choc qui engendre ce bruit; de même si l'on veut *anéantir* une clarté, il faut absolument anéantir la lumière qui produit et engendre cette clarté; chaque soir, quand, avant de s'endormir, on souffle la bougie ou on éteint la lampe qui éclaire la chambre, au même instant la clarté s'anéantit et l'on se trouve plongé dans les ténèbres; de même si l'on veut détruire la misère, il n'y a qu'un seul moyen qui consiste à faire disparaître les causes qui la produisent et l'engendrent. Donc, en généralisant ma démonstration, nous dirons : **Pour détruire un effet quelconque, il n'y a qu'un seul moyen qui consiste**

à détruire la cause qui engendre cet effet. Voilà donc *une quatrième loi naturelle universelle* qui régit tous les phénomènes de la vie universelle et, conséquemment, les phénomènes de l'économie sociale des nations.

V. — J'arrive enfin à la *loi des enchaînements des effets et des causes*.

Un fait qui se réalise presque à tout moment et de mille manières c'est le phénomène que voici : Une cause quelconque surgit et engendre un effet ; presque aussitôt après cet effet se transforme en cause et engendre un deuxième effet ; ce deuxième effet, à son tour, se transforme en cause et engendre un troisième effet ; ce troisième effet également se transforme en cause et engendre un quatrième effet, et ainsi de suite.

Cet ordre de choses, très vulgaire, constitue ce que je nomme **un enchaînement de causes et d'effets**.

Par exemple : La terre, en tournant sur son axe, fait apparaître le soleil à l'horizon, sa lumière aussitôt inonde notre hémisphère ; autour de nous la Nature se réveille et l'homme se met au travail. Voilà bien un enchaînement de causes et d'effets.

Autre exemple : Un voleur, la nuit, enfonce une porte ; le bruit qu'il fait réveille les dormeurs ; ceux-ci se lèvent et crient : au voleur ! les voisins, réveillés à leur tour par les cris proférés, se lèvent aussi et viennent au secours de ceux qui sont en détresse ; l'on arrête le malfaiteur, il est conduit en prison, puis jugé, enfin condamné pour le méfait dont il s'est rendu coupable. Voilà encore un enchaînement de causes et d'effets.

C'est surtout dans l'étude des sciences qu'apparaît l'existence de ce phénomène ; l'astronomie, la botanique, la physique, la chimie, l'anatomie surtout, la mécanique, la métaphysique et tant d'autres sciences présentent fréquemment le phénomène de l'enchaînement des effets et des causes. J'ajouterai enfin que, dans l'Economie sociale, le phénomène des enchaînements joue un très grand rôle et que la Science économique consiste, par-dessus tout, à discerner les enchaînements de causes et d'effets que forment entre eux les principaux éléments économiques, tels que : le *capital*, le *travail*, l'*association*, la *production*, la *consommation*, l'*argent*, le *crédit*, etc., etc.

Je *divise* les enchaînements de causes et d'effets en trois classes ou groupes :

1° Les enchaînements *simples* ;

2° Les enchaînements *trinitaires* ;

3° Les enchaînements *composés*.

L'enchaînement simple est celui qui ne se compose que de

deux termes : une cause et l'effet que cette cause engendre. Exemples : Le choc et le bruit, la lumière et la clarté, la combustion et la fumée, les semailles et les moissons, la production et la consommation, l'étude et le savoir, la tempérance et la santé, le capital et le travail, les organes et les facultés, le travail et le salaire , etc., etc., sont autant d'enchainements simples , composés chacun d'une cause et de l'effet engendré par cette cause.

L'enchainement trinitaire est celui qui se compose de **trois termes.** Exemples : 1° les *organes*, les *facultés* et les *sensations* sont trois choses rivées l'une à l'autre, inséparables et dépendantes réciproquement les unes des autres par un rapport de cause et d'effet. Il est bien certain que nous avons des sensations de vue *à cause* que nous jouissons de la faculté de la vue, et nous jouissons de la faculté de la vue *à cause* que nous sommes en possession de l'organe *œil*.

2° Nous avons des sensations d'ouïe *à cause* que nous avons la faculté de l'ouïe et nous jouissons de la faculté de l'ouïe *à cause* que nous sommes munis de l'organe *oreille*, et ainsi de même de tous les organes du corps animal.

3° La *liberté*, la *volonté* et la *destinée* forment un enchainement trinitaire de causes et d'effets.

La *liberté* c'est la conception de l'esprit qui prend une décision, arrête un dessein ou un projet ; la *volonté* c'est l'action qui exécute le dessein conçu par l'esprit ; enfin, la *destinée* n'est autre chose que la *conséquence inévitable* du fait accompli par la volonté. Ainsi le malfaiteur conçoit un crime, voilà sa *liberté* ; il l'exécute par l'assassinat, voilà sa *volonté* ; enfin, il est condamné à l'échafaud, voilà bien sa *destinée*. Pourquoi a-t-il été condamné à l'échafaud ? *A cause* qu'il a assassiné *volontairement*. Pourquoi a-t-il assassiné ? *A cause* qu'il a librement et dans sa pensée formé le dessein d'assassiner son semblable.

Les exemples sont multiples.

Voici la dénomination de chacun des trois termes de l'enchainement trinitaire.

Je nomme le premier terme : Cause fondamentale ;

Le deuxième terme : Premier effet ou cause secondaire ;

Et le troisième terme : Deuxième effet.

Ainsi, les *organes* sont des causes fondamentales, les *facultés* sont un premier effet ou cause secondaire, et les *sensations* un deuxième effet.

De même la *liberté* est une cause fondamentale ; la *volonté* est un premier effet ou cause secondaire, et la *destinée* un deuxième effet.

L'enchainement composé est celui qui renferme *plus de trois termes*, quel qu'en soit d'ailleurs le nombre. Le mouvement de la terre faisant apparaître le soleil à l'horizon qui éclaire l'hémisphère, et le voleur arrêté, sont deux faits qui donnent lieu au *phénomène de l'enchaînement composé.*

Telles sont, Messieurs, quelques-unes des *lois naturelles universelles* qu'il suffit de connaitre pour pouvoir traiter l'Economie sociale *scientifiquement* et non par des systèmes inventés, plus ou moins erronés, plus ou moins impraticables ou subversifs.

C'est à l'aide de ma théorie scientifique des effets et des causes, appliquée à l'Economie sociale, que *la solution du problème de l'extinction de la misère* devient un enfantillage ou une banalité; en un mot tout ce qu'il y a de plus simple à démontrer mathématiquement et tout ce qu'il y a de plus simple à pratiquer au sein de notre société moderne.

D'ailleurs, Messieurs, vous allez en juger par vous-mêmes.

CHAPITRE III

PRINCIPES FONDAMENTAUX DE L'ÉCONOMIE SOCIALE UNIVERSELLE

I. — Agriculture, Industrie, Commerce.

Dans tous les pays du monde civilisé et dans chaque nation, il y a toujours *trois grandes institutions économiques*, savoir : l'**Agriculture**, l'**Industrie** et le **Commerce**.

Les agriculteurs, en travaillant la terre et en s'occupant de la culture des végétaux utiles aux besoins de l'homme, fournissent à l'industrie les *matières premières*, ou ce que je nommerai plus exactement les *produits agricoles*, à l'aide desquels l'industrie se constitue; il est donc certain que l'industrie est subordonnée à l'agriculture, dont elle dépend absolument, ce qui prouve que *l'agriculture est une cause engendrante et l'industrie un effet engendré par cette cause.*

L'industrie, après avoir *façonné* les produits de l'agriculture pour les mieux approprier aux besoins de la vie, après avoir fabriqué ou mieux *manufacturé* ce que l'on nomme vulgairement les *marchandises*, les livre aux marchands qui font le *commerce*, c'est-à-dire qui achètent pour revendre afin de provoquer et de faciliter la consommation. Il est donc vrai que le commerce est subordonné à l'industrie, il en dépend absolument, ce qui prouve que *l'industrie est une cause engendrante et le commerce un effet engendré par cette cause.*

Donc l'agriculture engendre l'industrie, puis l'industrie à son tour engendre le commerce, ce qui veut dire que *les trois grandes institutions de l'économie sociale forment un enchaînement trinitaire de causes et d'effets.* En effet, le commerce du sucre, par exemple, est *subordonné* à la fabrication du sucre, et la fabrication du sucre est *subordonnée* à la culture de la betterave ou de la canne à sucre. Le commerce du blanc, toiles et calicots, etc., est *subordonné* à leur fabrication, et cette fabrication à son tour est *subordonnée* à la culture du lin, du chanvre et du coton, etc., etc.; chaque branche de commerce correspond à une industrie et chaque industrie correspond à une culture particulière.

Comme conséquence de ce phénomène économique, je dis que l'agriculture est une cause fondamentale; l'industrie un premier effet ou cause secondaire; et le commerce un deuxième effet.

II. — Produire, Façonner, Echanger.

Dans le domaine de l'économie sociale, il y a *trois grandes opérations économiques,* savoir : **Produire, Façonner** et **Echanger.**

L'agriculture donne des produits et rien que des produits; l'industrie ne *produit rien,* mais elle confectionne et façonne les produits de l'agriculture; enfin, le commerce échange et fait circuler les confections de l'industrie pour en faciliter la consommation, afin de satisfaire les besoins de la vie. Donc, l'opération d'échanger est subordonnée à celle de façonner, et l'opération de façonner est subordonnée à celle de produire; donc enfin, les trois grandes opérations économiques : produire, façonner, échanger, forment entre elles un enchaînement trinitaire de causes et d'effets; d'où il suit que produire est une cause fondamentale; façonner un premier effet ou cause secondaire; échanger un deuxième effet.

III. — Capital, Travail, Association.

Il existe au sein de l'économie sociale, *trois éléments ou agents économiques* importants, savoir : le **Capital,** le **Travail** et l'**Association.**

Le capital est la chose *rigoureusement indispensable* pour organiser le travail. A ne considérer que l'agriculture, la terre végétale constitue, dans toute l'acception du mot, le **capital agricole,** c'est-à-dire l'élément *important, essentiel, indispensable* pour organiser le travail agricole qui consiste à *labourer* la terre, l'*ensemencer, sarcler, biner* les végétaux semés, etc.; donc le travail agricole est le résultat certain de la possession du capital agricole ; il en dépend, et lui est subordonné, ce qui veut dire que le capital agricole est une *cause engendrante* et le travail agricole *l'effet engendré* par cette cause. Enfin, il est certain que le travail du colon prêtant son concours au capital foncier, aussitôt apparaît *l'association agricole*, et cette association agricole dépend *en réalité* du concours du travail. Donc, le travail engendre l'association ; donc enfin, le capital engendre le travail, et le travail, à son tour, engendre l'association : ce qui prouve incontestablement que le capital, le travail et l'association forment un enchaînement trinitaire de causes et d'effets. Comme conséquence de ce phénomène économique, il est vrai de dire que :

Le capital est une cause fondamentale ;

Le travail un premier effet ou cause secondaire ;

L'association un deuxième effet.

IV. — Production, Consommation, Richesse.

J'entends par *production* les produits de l'agriculture et les façons de l'industrie, en un mot tout ce qui est utile à l'humanité pour satisfaire ses besoins ; en d'autres termes, les choses que l'on *consomme*, telles que les aliments, et les choses que l'on *use*, telles que les vêtements, chaussures, etc.

La production est en définitive le *résultat* obtenu par le concours des deux grandes institutions de l'économie sociale : l'agriculture et l'industrie.

La production donne lieu à la consommation, ce qui est de la dernière évidence, car il est certain qu'on ne peut consommer que ce que l'on a produit. Il suit de là que la consommation est la conséquence de la production, ce qui veut dire que la production est *une cause engendrante* et la consommation *l'effet* engendré par cette cause.

La richesse, quoi qu'on en dise, se mesure à la consommation ; de telle sorte que parmi les consommateurs, ceux qui consomment le plus de choses et les meilleures choses, sont en réalité les plus riches, d'où il suit que la richesse est bien la conséquence de la consommation, ce qui veut dire que la consommation est *une cause engendrante* et la richesse *l'effet* engendré par cette cause.

On voit donc que la production engendre la consommation et celle-ci engendre la richesse, ce qui signifie que ces **trois résultats** de l'économie sociale : la production, la consommation et la richesse, forment entre eux un enchaînement trinitaire de causes et d'effets.

J'ajouterai que la production est une cause fondamentale ;

La consommation un premier effet ou cause secondaire ;

La richesse un deuxième effet.

En récapitulant les quatre démonstrations que je viens de présenter au lecteur, on voit que l'économie sociale dans toutes les nations comprend :

1º *Trois grandes institutions* : l'agriculture, l'industrie et le commerce ;

2º *Trois opérations* : produire, façonner, échanger ;

3º *Trois éléments ou agents économiques* : le capital, le travail et l'association ;

4º Enfin, l'économie sociale aboutit à *trois résultats* : la production, la consommation et la richesse. Ce qui surtout est digne de fixer l'attention des économistes, c'est que, partout et toujours, nous retrouvons l'enchainement trinitaire de causes et d'effets.

Dans cet ordre de choses, il y a — comme on le voit — une symétrie ou mieux une harmonie parfaite, et ce n'est pas l'esprit de l'homme qui a organisé cela, mais c'est le génie de la Nature ou mieux la main de Dieu.

V — Les trois sortes de capitaux et les trois classes de capitalistes.

A propos de ce mot *capital*, il y a beaucoup de désordre dans l'esprit des économistes et des politiciens ; essayons de faire la lumière.

Le mot *capital* est dérivé du mot latin *capitalis*, lequel est dérivé du mot *caput*, qui signifie : *tête, chef*, etc. En économie, le mot *capital* signifie : *chose principale, importante, fondamentale, essentielle, indispensable*, etc.

Dans l'agriculture, la chose principale, importante, fondamentale, essentielle, indispensable, c'est à coup sûr la *terre végétale* ou la propriété foncière. Donc, la terre végétale ou la propriété foncière est réellement le *capital agricole*.

Dans l'industrie, la chose importante, indispensable est certainement la matière première, c'est-à-dire les produits de l'agriculture. Donc, les produits agricoles constituent le capital de l'industrie ou le *capital industriel*.

Enfin, dans le commerce, la chose importante, indispensable pour faire le commerce, c'est incontestablement les marchandises confectionnées par l'industrie. Donc, les marchandises ou les façons de l'industrie constituent le capital du commerce ou le *capital commercial*.

Sans doute, dans chacune de ces trois institutions économiques, le capital seul ne suffit pas pour réaliser les trois opérations : produire, façonner, échanger ; il faut encore la *main du travailleur* et le *matériel*, c'est-à-dire les outils, les machines, les instruments de travail ; cela est incontestable ; mais il n'en est pas moins vrai que le capital est, sans contredit, la chose importante et capitale, la chose première à se procurer, celle qu'il faut avoir à sa disposition avant les deux autres : la main du travailleur et le matériel.

Je constate maintenant, qu'en faisant abstraction du travail et du matériel, il est certain que la terre végétale *donne* les produits agricoles, c'est-à-dire que le capital agricole engendre le capital industriel, et que les produits agricoles à leur tour *donnent* les façons de l'industrie ; autrement dit que le capital industriel engendre le capital commercial. D'où il suit que les trois capitaux de l'économie sociale forment entre eux un enchaînement trinitaire de causes et d'effets, de telle sorte que le capital agricole, savoir, la terre végétale est une *cause fondamentale* ; le capital industriel, savoir les produits agricoles, est *un premier effet ou cause secondaire* ; enfin, le capital commercial, savoir les façons de l'industrie, est *un deuxième effet*.

Il est utile de faire remarquer que les citoyens qui sont détenteurs de l'une de ces trois sortes de capitaux sont évidemment des *capitalistes* ; ce qui m'amène à dire que les agriculteurs, les industriels et les commerçants forment, en réalité, les trois grandes classes ou corporations de capitalistes, il ne saurait en être autrement.

VI. — L'argent n'est pas du capital.

Une grande erreur qui se commet dans les discussions en matière d'économie sociale, c'est de considérer l'argent comme du capital. Non, mille fois non, l'argent n'est pas du capital.

L'argent est très utile, parce qu'il est un moyen d'échange de toutes les choses sans exception ; malgré cela, on pourrait le supprimer en pratiquant l'échange en nature, ainsi qu'ont dû le faire les hommes avant la fabrication des monnaies ; tandis qu'il serait absolument impossible de supprimer la terre végétale qui est le capital agricole, il serait aussi impossible de supprimer le capital industriel, savoir, les produits de l'agriculture.

On le voit donc, l'argent en aucune manière, ne saurait être du capital et il ne saurait davantage être assimilé au capital. Aussi, quand on dit par exemple : *Les capitaux se portent à la Bourse*, c'est une erreur grossière ; il faut dire : Les valeurs se portent à la Bourse. Il est certain, en effet, que l'argent et tous les *titres négociables* qui se portent au marché de la Bourse, tels que les titres de rentes, les actions et obligations des chemins de fer, des canaux, des mines de houille, des usines à gaz ou de toute autre industrie, tous ces *titres négociables* ont une **valeur ;** il est donc vrai de dire que les valeurs se portent à la Bourse, mais il est entièrement faux d'affirmer que les capitaux se portent à la Bourse.

VII. — Les financiers et les rentiers.

Si les agriculteurs, les industriels et les commerçants constituent ensemble *la grande famille des capitalistes*, les citoyens qui ne sont ni agriculteurs, ni industriels, ni commerçants et qui néanmoins possèdent de grandes valeurs en argent ou en *titres négociables*, constituent la classe des financiers et des rentiers.

Tout citoyen qui fait la banque pour son compte ou qui est à la tête d'une Société financière en commandite par action appartient à la classe des *financiers*, et ceux qui, ne faisant pas la banque, possèdent des valeurs négociables en titres de rentes ou d'une autre nature appartiennent à la classe des *rentiers*.

Ces appréciations sociales pourront paraître puériles à quelques-uns, cependant elles ne sont pas inutiles ; le moyen d'éviter la confusion — et elle est grande la confusion en matière d'économie sociale ! — c'est de distinguer comme il convient la nature des diverses choses qui ont des rapports entre elles.

VIII. — L'argent alimente la vie du capital et par suite la vie du travail dans chacune des trois grandes institutions de l'économie sociale : l'agriculture, l'industrie et le commerce.

Voici, Messieurs, un *phénomène économique* d'une très grande importance dans l'ordre d'idées qui fait le sujet de ma discussion, laquelle a pour but de vous démontrer *les causes certaines de la misère* parmi les nations.

L'agriculteur, quand il a vendu ses récoltes, avec l'argent qui est le produit de ses ventes, paye toutes les dépenses nécessaires à l'exploitation de sa ferme : réparation du matériel, entretien du bétail, achat de semences, gages des colons, etc., etc. ; il est donc certain que l'argent lui est indispensable *pour alimenter l'exploitation de son capital agricole.*

Dans l'industrie c'est le même phénomène économique qui surgit. L'industriel, avec l'argent qu'il retire de la vente des confections de sa fabrication, paye ses ouvriers, achète les matières premières ou produits agricoles qui lui sont indispensables, entretient les machines de son usine, enfin il solde tous les frais généraux de son établissement. Il est donc incontestable que l'argent lui est indispensable pour continuer l'exploitation de son usine, c'est-à-dire *pour alimenter la vie de son capital industriel.*

Même chose pour le commerçant.

Mais les capitalistes, pour entretenir la vie, ou, si vous aimez mieux l'exploitation de leur capital, sont rigoureusement forcés de faire appel aux bras des travailleurs, de sorte que le travail est mis à contribution, et le salaire vient rémunérer les efforts de ce dernier; d'où il suit que l'argent non-seulement vivifie le capital, mais il vivifie encore le travail, c'est-à-dire qu'il donne la vie aux travailleurs.

Le capital et le travail sont deux éléments économiques étroitement liés entre eux par les rapports de cause et d'effet, comme le sont le choc et le bruit ou bien la lumière et la clarté; d'où il suit *qu'ils ont une destinée identique.* Plus le capital voudra développer en lui sa puissance de production ou sa vitalité, plus il provoquera l'action et l'activité du travail qui en est la conséquence certaine et inévitable. Il est donc parfaitement vrai de dire que l'argent alimente la vie du capital et du travail dans chacune des trois institutions économiques : l'agriculture, l'industrie et le commerce.

IX. — De la hausse et de la baisse de la valeur des choses.

Au sein de la nature tout a une valeur, sans exception, parce que toute chose a une utilité quelconque en vue de satisfaire les besoins de l'homme. Ce fait nous démontre combien est puissant le génie de la Nature, ou, mieux encore, combien est grande la sagesse de la Providence.

Les diverses matières ont une valeur *intrinsèque* selon les *qualités* quelles possèdent. Ainsi, le diamant vaut plus que le caillou ; l'aliment vaut plus que le détritus ou le fumier qui en est le résidu, etc. Mais pour chaque chose cette valeur intrinsèque existe incontestablement; seulement elle est essentiellement variable, tantôt elle augmente, tantôt elle diminue.

Essayons de déterminer *les causes* de cette variation de la valeur des choses.

1. — LA RARETÉ D'UNE CHOSE ENGENDRE LA HAUSSE DE LA VALEUR DE CETTE CHOSE.

Que la récolte du blé, du raisin, des olives ou de la betterave, viennent à manquer, et aussitôt le prix du pain, du vin, de l'huile, du sucre de betterave, augmenteront en proportion. C'est là une loi générale à laquelle ne saurait se soustraire aucune production; il est donc vrai que la rareté d'une chose engendre la hausse de la valeur de cette chose.

2. — L'ABONDANCE D'UNE CHOSE ENGENDRE LA BAISSE DE LA VALEUR DE CETTE CHOSE.

Ce phénomène économique est la conséquence inverse de celui que je viens de démontrer. Qu'il y ait une grande abon-

2

dance de blé, de raisins, d'olives ou de betteraves, aussitôt le prix du pain, du vin, de l'huile et du sucre baisseront ou diminueront en proportion ; c'est la même loi générale que je viens de constater tout à l'heure. Dans les deux circonstances, nous nous trouvons en présence d'une cause engendrante et de l'effet engendré par cette cause. Et comme les effets et les causes sont toujours en harmonie parfaite, il s'ensuit que plus la *rareté* d'une chose sera grande, plus grande sera la hausse de la valeur ou la cherté de cette chose ; comme aussi, plus l'*abondance* d'une chose sera grande, plus grande sera la baisse de la valeur de cette chose, en un mot, plus elle sera à bon marché.

X. — Quels sont — en moyenne — les bénéfices que donnent l'agriculture, l'industrie et le commerce ; en d'autres termes, que rapportent annuellement le capital agricole, le capital industriel et le capital commercial ?

Dans le domaine de l'agriculture, l'expérience et les faits de tous les jours ont prouvé que la propriété foncière rapporte 2 1[2, 3, 3 1[2 et quelquefois 4 pour 100. Sans doute, il y a des fermes agricoles qui rapportent 5 et 6 pour 100, mais elles sont assez rares, comme aussi il y en a qui, étant fort mal soignées et mal administrées, ne rapportent que 1 pour 100 ; de sorte que si nous voulons prendre une moyenne, je dirai que l'agriculture rapporte de 3 à 4 pour 100 de *bénéfices* annuels.

Dans l'industrie, les *bénéfices* sont un peu plus grands ; il y a, sans doute, certaines branches d'industrie qui sont comme privilégiées et qui rapportent 8, 10 et 15 pour 100 et même davantage ; mais, par contre, il y a d'autres industries, moins bien partagées, qui ne donnent que 5 à 6 pour 100 de bénéfice ; de sorte que, pour déterminer une moyenne, je dirai que l'industrie rapporte un bénéfice de 6 à 8 pour 100 par an.

Dans le commerce, les *bénéfices* sont encore plus grands que dans l'industrie ; il y a tel article de fabrication qui est vendu dans le commerce avec un bénéfice de 20, 25 et même 30 pour 100, comme aussi il y a des articles qui ne donnent guère plus de 8 à 10 pour 100 ; de telle sorte que, si l'on veut établir une moyenne, on peut prendre le chiffre de 10 à 12 pour 100.

Je résume ma discussion et je dis : en *moyenne*, l'agriculture donne 3 à 4 pour 100 de *bénéfice* par an ; l'industrie donne en moyenne de 6 à 8 pour 100 ; enfin le commerce donne en moyenne de 10 à 12 pour 100 de bénéfice par an.

Pour simplifier encore ma discussion, je dirai : en moyenne, l'agriculture rapporte 4; l'industrie 8 et le commerce 12 pour 100 de bénéfice par an.

Tels sont, Messieurs les fonctionnaires du gouvernement de la République française, quelques-uns des plus importants principes fondamentaux de l'économie sociale qui vont me permettre de vous démontrer quelles sont *les causes certaines de la misère parmi les nations*; après quoi il me sera facile de vous indiquer les moyens infaillibles d'anéantir ces causes de souffrance au profit des prolétaires.

CHAPITRE IV
DISSERTATION ÉCONOMICO-POLITIQUE
DE L'ORGANISATION DES FINANCES

I. — Le capital papier.

Messieurs,

Dans les cinquante années environ qui ont précédé 1884, les gouvernements ont entrepris de grands travaux, tels que: chemins de fer, et autres travaux publics; et au lieu de prendre à la masse des impôts les valeurs nécessaires pour effectuer ces travaux, on a mieux aimé instituer des Compagnies ou *Sociétés financières* en commandite par actions, qui, pour réaliser les valeurs indispensables pour effectuer ces travaux, ont contracté des emprunts en émettant des *titres négociables* que l'on appelle *des actions*.

Les départements et les villes, en vue de travaux à faire, ont aussi contracté des *emprunts* en émettant des *titres négociables*, savoir, *des obligations*; enfin, les gouvernements, soit pour cause de guerres ou pour toute autre motif, ont eu recours à des emprunts, lesquels ont donné lieu à des émissions de *titres négociables*, savoir, les *titres de rentes*.

Or, ce sont ces *actions*, ces *obligations* et la *rente* qui constituent ensemble ce que je nomme le **capital-papier**, attendu que ces titres donnent un bénéfice aussi bien que l'agriculture, l'industrie et le commerce.

Il est difficile, pour ne pas dire impossible, de donner le chiffre exact de la valeur du capital-papier, mais voici un aperçu assez approximatif de cette valeur:

Montant de la Rente ou dette publique. . . .	25 milliards.
Chemins de fer, valeurs industrielles, Sociétés financières, etc.	24 »
Dettes des départements et des villes.	6 »
Dette de la ville de Paris.	2 »
Total fr. . . .	57 milliards.

Ces valeurs n'ont pas été prises au hasard, mais calculées sur des données sérieuses, d'où il suit qu'en disant que le capital-papier représente une valeur de 50 à 60 milliards, *on est dans le vrai*; d'ailleurs, lors même que la critique pourrait me prouver que mes chiffres ne sont pas exacts, cela n'aurait aucune importance; ce que je discute, ce ne sont pas des chiffres, mais une démonstration économique en vue de cet agent que je nomme à bon droit le *capital-papier*.

II. — Les spéculations financières des agriculteurs.

Les nombreuses émissions de titres négociables ont développé à un très haut degré la spéculation financière, si bien que tout le monde veut faire des placements pour s'enrichir; on n'a pas oublié cette parole de Guizot à la tribune : *Messieurs, enrichissez-vous*. Ce qui signifiait : Allez à la Bourse, placez vos capitaux, réalisez des bénéfices, faites fortune, etc., parole qui a porté ses fruits : la génération présente est littéralement dévorée par la fièvre de la spéculation en vue de faire fortune par un coup de Bourse et en agiotant.

Si l'on se demande maintenant qui porte son argent à la Bourse, la réponse n'est pas douteuse : ce sont les agriculteurs, c'est-à-dire ceux qui sont détenteurs du *capital agricole* et qui exploitent la propriété foncière ou la terre végétale.

En effet, ce ne sont pas les travailleurs, qui ont peine à vivre, qui portent leur argent à la Bourse, ce ne sont pas les commerçants, dont le capital rapporte de 12 à 15 pour 0[0; ce ne sont pas les industriels, dont le capital rapporte de 8 à 10 pour 0[0, mais ce sont les agriculteurs, dont le capital ne rapporte guère plus de 2 1[2 à 3 0[0, tandis que les placements sur la rente et les chemins de fer rapportent de 5 à 6 0[0, **c'est-à-dire le double**.

III. — La diminution des travaux agricoles.

Par le fait que les agriculteurs portent leur argent à la Bourse, les travaux de la terre se trouvent diminués d'autant, puisque cet argent, qui aurait pu servir à faire faire des travaux, à acheter des fumures, à améliorer les outils, se trouve enlevé de la caisse du propriétaire foncier. La diminution du travail est la *conséquence forcée* de l'argent porté à la Bourse, c'est *à cause* qu'on a fait une *spéculation financière* que le travail de la terre est *forcément diminué*; nous sommes en présence d'une cause engendrante et d'une effet engendré, c'est-à-dire d'*un enchaînement simple*.

IV. — L'émigration des colons dans les grands centres industriels.

Il est certain maintenant que des colons employés au travail de la terre ne trouvant plus de travail à faire, quittent les champs et vont dans les villes chercher de l'ouvrage, soit comme hommes de peine, soit pour travailler dans les fabriques. Donc, la diminution des travaux agricoles est *une cause engendrante*, et l'émigration des colons dans les grandes villes est l'*effet* engendré par cette cause ; voilà encore *un enchaînement simple*, c'est-à-dire une cause et son effet.

V. — Agglomération des travailleurs dans les villes.

Il est certain que si les travailleurs quittent les champs pour émigrer dans les villes, il y aura forcément agglomération dans les grands centres de population. Encore une cause et son effet immédiat, c'est-à-dire *un enchaînement simple*.

VI. — Concurrence. — Baisse des salaires. — Chômage forcé parmi les ouvriers des villes.

Il est certain que les colons venant chercher du travail dans les villes font concurrence aux ouvriers de l'industrie, et que sous l'influence de cette concurrence, la baisse des salaires se manifeste, attendu que l'ouvrier, forcé de travailler s'il veut manger, préfère travailler à vil prix, plutôt que de mourir de faim. J'ajouterai que trop souvent le chômage, pour un temps plus ou moins long, apparaît, ce qui est encore plus fâcheux, puisque la suppression du travail amène la suppression du salaire. On le voit, nous sommes toujours en présence d'*une cause engendrante*, savoir, la concurrence que se font les travailleurs agglomérés, et de *deux effets engendrés* par cette cause, savoir, la baisse des salaires et le chômage.

VII. — L'agriculture manque de bras, aussi la main-d'œuvre augmente ; les travaux de la terre sont insuffisants et le sol ne produit plus assez pour satisfaire les besoins de la population.

Nous avons vu (IV° démonstration) que les colons de l'agriculture émigrent dans les villes ; il suit de là que le nombre des travailleurs des champs diminue, et alors les bras se font rares, et comme la rareté engendre la hausse de la valeur des choses (IX° phénomène économique), il s'ensuit que la main-d'œuvre augmente dans des proportions inquiétantes dans les campagnes.

Comme on le voit, nous sommes toujours en présence *des enchaînements de causes et d'effets*. C'est *à cause* que les colons émigrent dans les villes que les bras sont rares, et c'est *à cause* que les bras sont rares que la main-d'œuvre augmente; mais aussi *à cause* que les bras sont rares, les travaux de la terre sont insuffisants, et c'est *à cause* que les travaux de la terre sont insuffisants que le sol agricole ne produit pas tout ce qu'il pourrait produire, afin de satisfaire les besoins de la population.

VIII. — La cherté des subsistances est inévitable.

Les bras manquant à l'agriculture, les travaux de la terre sont insuffisants en vue des produits agricoles; or, le sol ne produisant pas ce qu'il pourrait produire, la cherté des subsistances est inévitable; elle est la conséquence certaine, je veux dire l'effet engendré par cette cause; l'amoindrissement de la production du sol.

IX. — La cherté des subsistances engendre forcément l'augmentation du prix des loyers.

Les propriétaires des maisons des villes vivent des bénéfices que leur donne la location de leurs maisons; or, il est certain que si la vie animale augmente, ne voulant pas amoindrir leur budget et leur condition sociale, ils sont forcés d'augmenter le prix des loyers. Donc la cherté des subsistances est une *cause engendrante* et l'augmentation du prix des loyers est un *effet engendré* par cette cause.

X. — La cherté des subsistances et l'augmentation du prix des loyers font que les ouvriers sont forcés de se mettre en grève pour obtenir une augmentation de salaire afin de pouvoir vivre.

Rien n'est facile à comprendre comme *ce phénomène économique*, il suffit de l'énoncer pour l'expliquer. On comprend, en effet, que la première condition du travailleur c'est de pouvoir vivre de son travail; mais si, avec son salaire, il ne peut pas arriver à payer son logement et sa nourriture, il est bien forcé de demander une augmentation de salaire; et, si l'on n'a pas égard à sa juste demande, la grève devient une nécessité absolue.

La difficulté de vivre est donc *une cause engendrante* et les grèves sont *un effet engendré* par cette cause.

XI. — Les grèves sont la ruine de l'industrie et du commerce.

Lorsque les ouvriers, en se mettant en grève pour obtenir une augmentation de salaire, réussissent dans leur entreprise, ils font nécessairement augmenter la main-d'œuvre ; et il arrive alors que les prix de revient des façons de l'industrie se trouvant plus élevés, l'industriel est obligé de les vendre plus cher, et dans ces conditions l'industriel ne peut plus soutenir la concurrence ; car ses confections deviennent *invendables*, à moins de les vendre à perte, ce qui n'est pas admissible ; aussi cette situation aboutit en quelque sorte à une véritable paralysie des travaux des manufactures et fabriques, enfin ce que j'appellerai de son vrai nom : *la ruine de l'industrie.*

Ce fait ou plutôt *ce phénomène économique* vient de se manifester tout récemment à l'occasion de la grève des porcelainiers de Limoges et de la grève des ouvriers ébénistes de Paris.

On comprend enfin que la ruine de l'industrie entraîne forcément la ruine du commerce, puisque le commerce consiste uniquement dans la vente des confections de l'industrie. La ruine de l'industrie est *une cause engendrante*, et la ruine du commerce est *l'effet engendré* par cette cause.

XII. — Récapitulation des phénomènes économiques produits et engendrés par la mauvaise organisation de notre système financier.

Pour rendre plus saisissante cette *puissance de la loi des enchaînements*, je vais récapituler tous les enchaînements de ma discussion scientifique, aussi j'affirme les divers *phénomènes économiques* que voici :

Les spéculations financières des agriculteurs *engendrent* la diminution des travaux agricoles ; la diminution des travaux agricoles *engendre* l'émigration des colons dans les villes ; l'émigration des colons dans les villes *engendre* l'agglomération des travailleurs dans les villes ; cette agglomération des travailleurs *engendre* la concurrence parmi les ouvriers ; la concurrence *engendre* la baisse des salaires et le chômage forcé. La dépopulation des campagnes *engendre* l'augmentation du prix de la main-d'œuvre et l'insuffisance des travaux agricoles ; l'insuffisance des travaux agricoles *engendre* l'insuffisance de la production agricole, si bien que le sol ne produit plus assez pour satisfaire les besoins de la population; l'insuffisance de la production du sol *engendre* la cherté des subsistances ; la cherté des subsistance *engendre* l'augmentation du prix des loyers ; la cherté des subsistances et l'augmentation du prix des loyers *engendrent* forcément les grèves des travailleurs; les grèves des travailleurs *engendrent* l'augmentation forcée des salaires; l'augmentation des salaires *engendre* une élévation du prix de revient des façons industrielles qui les rend *invendables*. Les industriels ne pouvant écouler leurs confections, cette situation économique *engendre* véritablement la ruine de l'industrie; la ruine de l'industrie *engendre* la ruine du commerce; enfin, pour compléter le tableau, je dirai que la ruine de l'industrie *engendre* la ruine des ouvriers, c'est-à-dire la misère dans les villes; et la misère dans les villes *engendre* les insurrections et les révolutions, etc., etc. Voilà la conséquence dernière !...

Remontons rapidement la chaine de cet *enchainement composé*.

Les insurrections et les révolutions *ont pour cause* la misère des travailleurs ; la misère des travailleurs *a pour cause* la cherté des subsistances et l'augmentation des loyers; la cherté des subsistances et l'augmentation des loyers *ont pour cause* l'insuffisance de la production du sol; l'insuffisance de la production du sol *a pour cause* l'insuffisance des travaux agricoles; l'insuffisance des travaux agricoles *a pour cause* le manque de bras dans les campagnes sous l'influence de l'émigration des colons dans les villes; l'émigration des colons dans les villes *a pour cause* la diminution des travaux agricoles ; la diminution des travaux agricoles *a pour cause* ce fait que les agriculteurs propriétaires du sol portent leur argent à la Bourse pour faire des *spéculations financières* ; enfin, les spéculations financières des agriculteurs *ont pour cause* l'organisation même du système financier qui a prévalu dans la politique des gouvernements.

CONCLUSION

XIII. — L'organisation du système financier, adopté et pratiqué par les gouvernements politiques, est une cause certaine de misère des plus grandes et des plus meurtrières pour la société entière.

De la dissertation qui précède, il résulte ce fait de la plus grande et de la plus parfaite évidence que le système financier qui a prévalu dans la politique des gouvernements provoque une foule de perturbations sociales qui aboutissent fatalement à la désorganisation de l'agriculture et à la ruine de l'industrie et du commerce, lesquels étant dépendants de l'agriculture subissent toutes les vicissitudes que subit elle-même cette première institution de la vie des peuples, car j'ai prouvé (2ᵉ loi naturelle universelle) que les effets et les causes qui les engendrent sont toujours en harmonie parfaite, c'est-à-dire ont une destinée identique.

Or, comme le système financier qui a prévalu dans notre nation française est également pratiqué par toutes les nations civilisées de l'Europe et des autres continents, on peut affirmer, sans craindre les démentis, que le système financier qui est universellement pratiqué par les gouvernements modernes **est une cause certaine de misère parmi les nations**.

DES DROITS D'OCTROI

Dans notre nation française on sait qu'un certain nombre d'objets de consommation, tels que les vins, les viandes, les salaisons, les bois de chauffage, etc., etc., sont frappés d'un impôt qui a pour résultat certain d'augmenter le prix de vente de ces objets et de créer une cherté factice, mais relative à cet impôt. Or, on comprend que cet impôt pèse sur le pauvre et est tout à fait défavorable aux intérêts des travailleurs; il constitue donc une **cause certaine de misère dans toutes les nations** où cet impôt inique est pratiqué; inutile d'insister davantage sur *ce phénomène économique* qui est encore le fait de la mauvaise politique des gouvernements.

DES DROITS DE DOUANE

Les droits de douane ont pour objet de frapper d'un impôt les productions étrangères importées en France par les nations qui veulent bien nous les envoyer pour être livrées à la consommation.

On comprend que ces droits de douane ont pour *effet certain* de provoquer une cherté factice à l'égard des objets de consommation, et que cette cherté est préjudiciable aux intérêts des travailleurs.

Donc les droits de douane, de même nature que les droits d'octroi, sont **une troisième cause certaine de misère à l'égard les classes laborieuses pour les nations** qui s'obstinent à pratiquer ce détestable principe économique.

On me répondra que l'entrée, libre de tout impôt, des productions étrangères serait la ruine de notre agriculture et de la plupart de nos industries; dans le chapitre suivant, je répondrai sans peine à cette objection, qui n'en est pas une pour ma science économique basée sur *la théorie scientifique des effets et des causes.*

DU SALARIAT

On sait que dans toutes les industries les travailleurs reçoivent un *salaire convenu*, après avoir été débattu entre eux et le patron ; et puis tous les *bénéfices* qui se produisent dans l'établissement par le travail et la peine des travailleurs sont acquis au patron sans que les travailleurs y aient aucun droit, sans la moindre participation au partage de ces bénéfices produits par leur travail.

Le *salariat est une justice* incontestablement, car l'ouvrier qui rend un service au capitaliste en faisant produire son capital a droit à une rémunération pour le service rendu. Eh bien ! je dis que *la participation du travailleur au partage des bénéfices du patron* est une autre justice aussi incontestable que le salariat.

Il suit de cette affirmation scientifique en matière d'économie sociale que l'absence de toute participation des travailleurs aux bénéfices des patrons capitalistes est **une nouvelle cause certaine de misère parmi les nations** pour les travailleurs qui sont frustrés de ce droit, aussi sacré que le droit au salaire.

En économie sociale, Messieurs, il y a un grand problème qu'il suffit d'énoncer pour en comprendre toute l'importance : c'est celui qui a pour objet *la distribution des richesses parmi les classes de la société.*

La distribution des richesses parmi les classes de la société peut s'obtenir d'une manière parfaite à l'aide de deux principes : le premier qui est l'égalité du partage des héritages, conséquemment l'abolition des majorats ; le second par la participation au partage des bénéfices des patrons par les travailleurs, qui ont produit ces bénéfices par leur travail.

Notre immortelle Révolution de 89 a proclamé l'égalité du partage des héritages par l'abolition des majorats ; la révolution sociale, qui est à l'horizon politique, devra proclamer les droits des travailleurs aux bénéfices des patrons, en instituant ce que je nomme l'*association proportionnelle* entre les capitalistes et les travailleurs.

Telles sont, Messieurs, les causes certaines de la misère parmi les nations. Je vais maintenant, dans le chapitre suivant, discuter et indiquer les moyens pratiques de faire disparaître ces causes, après quoi le problème sera résolu *théoriquement* ; il ne s'agira plus que de mettre en pratique mes principes économiques, *toujours démontrés scientifiquement à l'aide de ma théorie des effets et des causes.*

CHAPITRE V
RÉFORMES ÉCONOMIQUES

INDISPENSABLES A FAIRE SI L'ON VEUT RÉELLEMENT DÉTRUIRE LA
MISÈRE PARMI LES NATIONS.

I. — Abolition complète et radicale des sociétés financières en commandite par actions.

Messieurs,

Dans le chapitre V, qui va compléter mon *mémoire scientifique*, je serai bref et laconique désireux de vous dérober le moins de temps possible, attendu que le temps est ce qu'il y a de plus précieux, surtout lorsque l'on est investi du pouvoir politique et que l'on tient dans ses mains la destinée d'une grande nation, ce qui est la plus grande des responsabilités humaines.

Mais si je veux être bref et laconique, je serai **clair, logique et rationnel**, ce qui est la chose importante; et l'habitude que vous avez des discussions politiques m'assure que je serai compris par vous, et cela me suffit.

Dans la discussion sur les *lois naturelles*, je vous ai démontré que, dans les enchaînements de causes et d'effets, si l'on veut détruire des effets, *il faut absolument* détruire la cause qui les engendre; enfin, dans ma dissertation *économico-politique*, je vous ai montré toutes les perturbations sociales, tous les désordres, toutes les ruines qui sont la conséquence certaine de l'organisation de notre système financier, en vue des *sociétés financières en commandite par actions*: donc il faut abolir carrément, radicalement ces sociétés financières en commandite, de manière qu'il n'en reste plus trace dans notre législation républicaine.

Qu'est-ce que la société financière en commandite par actions **anonyme et irresponsable**? La réponse est facile. Cinq à six ambitieux, chevaliers d'industrie de la politique, je dirai mieux cinq à six coquins ou fripons, se réunissent et s'associent en vue d'une exploitation quelconque; ils obtiennent du gouvernement, par tromperie, l'autorisation d'émettre des actions pour une somme de plusieurs millions, afin de réaliser leur entreprise. Les actionnaires cupides se pressent en foule pour apporter leur argent; les actions sont enlevées; les millions sont empochés. Au bout de quelqus années ou de quelques mois, la société en commandite ne peut payer ses dividendes, elle se met en faillite et, comme l'on dit, *le tour est fait.*

Le procès intenté, en décembre 1883, à du Breil dit marquis

de Rays, au sujet de la colonie de Port-Breton, entreprise
fantastique à l'aide de laquelle ce fripon a volé 5 à 6 millions
à des actionnaires crédules ; l'entreprise de la colonie de Port-
Breton, dis-je, est le modèle du genre.

Et c'est cette organisation financière que vous maintenez
encore en 1884, Messieurs du gouvernement de la République
française ? Ne comprenez-vous pas que c'est le vol *décrété, organisé, légiféré, patenté et protégé* par le gouvernement, et cette
organisation financière que vous maintenez quand même, malgré les protestations des honnêtes gens, malgré les faits odieux
qui se manifestent journellement, cette organisation financière je la qualifierai d'un mot : **elle est ignoble.**

Vous aurez beau chercher des excuses, dire que vous ne l'a-
vez pas décrétée, mais qu'elle a été établie par les gouvernements antérieurs ; que, depuis des années elle est pratiquée ;
que tous les régimes : la monarchie constitutionnelle de
Louis-Philippe, la République de 48, l'Empire de Napoléon III,
l'ont pratiquée et maintenue, etc., etc. ; toutes ces allégations
n'ont aucune valeur aux yeux des honnêtes gens : vous êtes
coupables, et coupables sans une seule excuse valable. Je
n'oublie pas que l'on a dit avec raison : *ce que l'homme a fait,
l'homme peut le défaire.* Vous pouvez donc renverser tout cet
échafaudage de filouterie et de gueuserie, anéantir cette législation honteuse, organisée par des misérables ; c'est votre
devoir, je dirai mieux encore, **c'est votre honneur.** Ne soyez
donc pas infidèles à votre devoir, Messieurs, et que votre politique ne soit pas en défaut, quand il s'agit de votre honneur,
comme gouvernants de la République française.

Il faut donc au plus tôt, Messieurs, que vous rendiez un dé-
cret qui prononce l'abolition des sociétés financières en commandite par actions ; que chacune d'elle opère sa liquidation.
que tous les actionnaires soient remboursés — avec perte sans
aucun doute, malheureusement — et que les actions, aussi
bien que les obligations de ces sociétés, soient ensuite remi-
ses au ministre des finances *qui les anéantira.* Cette opération,
enfin, doit être faite promptement et sous les yeux de la justice, je veux dire sous la surveillance des commissaires de
police et des magistrats.

II.—Liquidation de la dette publique par le remboursement des titres de rente en papier-monnaie.

Si je suis bien informé, le montant de la rente relative à la
dette publique s'élève, chaque année, à la somme énorme de
douze cents millions de francs (1,200,000,000 fr.). Cette somme
de douze cents millions de francs de la rente publique se solde

avec les impôts, et l'impôt représente une partie de la richesse nationale, donc la richesse nationale est mise à contribution pour satisfaire les exigences des rentiers du gouvernement.

Quand un particulier prête 100 fr. à un capitaliste agriculteur, industriel ou commerçant, l'intérêt du prêteur est parfaitement légitime, car l'emprunteur, grâce aux 100 fr. à lui prêtés, a pu faire aboutir *une spéculation* quelconque, qui lui a rapporté un bénéfice de... et alors, en toute justice, il doit partager ce bénéfice avec le prêteur qui lui a permis de le réaliser à l'aide des 100 fr. prêtés ; or, les 5 fr. d'intérêt représentent la part de bénéfice échue au prêteur.

Mais dans les emprunts du gouvernement, les choses sont bien différentes : le gouvernement n'est pas un spéculateur, car il n'est ni un agriculteur, ni un industriel, ni un commerçant ; de telle sorte que, pour payer les intérêts des millions qu'il emprunte, il met à contribution, qui ? ceux qui travaillent et produisent, je veux dire les agriculteurs, les industriels et les commerçants, si bien que ceux-ci travaillent en partie pour le compte des rentiers du gouvernement, lesquels vivent du profit de la sueur des travailleurs. Voilà où est l'iniquité, voilà l'infraction à la loi naturelle en matière d'économie sociale, à savoir que *chacun doit travailler pour soi et non pour les autres.*

Aussi, quoi que puisse dire la critique, j'affirme que l'intérêt de la rente est une anomalie et une infraction aux lois de l'économie sociale, affirmation qui m'amène à dire que les emprunts du gouvernement doivent être remplacés par des impôts spéciaux que je nommerai *l'impôt extraordinaire*, lequel, à un moment donné, — lorsque la société aura fait un pas de plus dans la voie du progrès en matière de science économique, — remplacera avantageusement les emprunts qui seront définitivement abandonnés.

Quoi qu'il en soit de l'opinion du lecteur sur la question que je discute en ce moment, il est urgent de *liquider la dette publique* en supprimant la rente, si l'on veut éviter la banqueroute, qui serait la ruine de nombreuses familles.

Voici de quelle manière je comprends la rente. 5 fr. de rente 5 0[0 représentent 100 fr., de capital ; 4 fr. 50 de rente 4 1[2 0[0 représentent 90 fr. de capital ; 3 fr. de rente 3 0[0 représentent 60 fr. de capital, etc.; c'est là ce que j'appelle *ramener le cours de la rente au pair.* Je crois que ce n'est pas ainsi qu'on procède à la Bourse et dans les opérations concernant la rente ; mais quant à moi, je ne connais d'autre combinaison que celle-là qui consiste à prendre pour base *cette loi unique*, à savoir que l'intérêt d'une somme ou d'un capital quelconque doit être toujours le vingtième de cette somme ou de ce capital, et que le capital d'un intérêt quelconque doit être égal à vingt fois cet intérêt.

J'admets maintenant que la dette publique soit de 20 milliards en chiffres ronds, quel que soit, d'ailleurs, le chiffre exact, ce qui n'a pas la moindre importance ; car ce qui fait l'objet de la présente discussion, c'est un principe d'économie sociale et non un chiffre. Cela étant, je propose d'émettre des billets de circulation pour une somme de 20 milliards.

Savoir : un milliard en billets de 10 francs.

»	»	»	20	»
»	»	»	50	»
»	»	»	100	»
»	»	»	200	»
»	»	»	300	»
»	»	»	400	»
»	»	»	500	»
»	»	»	600	»
»	»	»	700	»
»	»	»	800	»
»	»	»	900	»
»	»	»	1.000	»
»	»	»	10.000	»
»	»	»	20.000	»
»	»	»	50.000	»
»	»	»	60.000	»
»	»	»	70.000	»
»	»	»	80.000	»
»	»	»	100.000	»

Ces billets seront garantis par la nation et le gouvernement et circuleront dans le commerce absolument comme les billets de la Banque de France, et ces derniers seront, ce jour-là, retirés de la circulation.

On m'a dit : mais, Monsieur, vous allez créer des assignats ? Je réponds que la situation n'est pas la même et que les temps sont changés. D'ailleurs, voici ce que je dis : supposons un titre de rente de 50 fr., rente 5 0[0, il représente une valeur en capital de 1,000 fr., et ce titre va être transformé, je suppose, en un billet de circulation de pareille somme 1,000 fr.

Actuellement, vous avez *un chiffon de papier* — titre de rente — rapportant 50 fr. par an, lequel a une valeur certaine qui se négocie à la Bourse et circule dans le commerce absolument comme une pièce de monnaie ; et parce que ce chiffon de papier va être transformé en un autre chiffon de papier, ce dernier ne vaudra plus rien ! Le premier chiffon de papier, *titre de rente* — ramené au pair — vaut 1,000 fr., et le nouveau chiffon de papier, *billet de circulation* qui doit le remplacer, vaudra moins ou ne vaudra rien ! Mais c'est de la démence et rien de plus. Le billet de circulation sera moins avantageux pour le porteur que le titre de rente parce qu'il ne rapportera pas

intérêt, tandis que la rente rapporte un intérêt; mais il ser
beaucoup plus avantageux pour le gouvernement et la nation,
car la nation sera dispensée de s'imposer, tous les ans, pour la
somme énorme de douze cents millions de francs (1,200,000,000
francs), et par suite, le gouvernement pourra, tous les ans,
diminuer son budget de pareille somme et le ramener à
1,800,000,000 fr., puisqu'il s'élève annuellement à 3,000,000,000
de fr.

C'est cet ordre de choses qui, dans mon opinion, donnera
une plus grande valeur morale ou sécurité matérielle aux billets de circulation, parce qu'ils ne mettront pas la nation à
contribution, comme le font les titres de rente qui, tous les
ans, provoquent la dépense considérable de un milliard et
deux cents millions pour solder la rente.

Enfin, quand ce papier-monnaie sera disséminé dans les
mains de la nation entière, c'est-à-dire dans les mains de
trente-cinq millions de personnes, tout le monde aura confiance parce que tout le monde sera possesseur.

Maintenant, pour le remboursement en espèces de ces
billets, je propose de frapper les héritages d'un impôt de dix
pour cent, supporté seulement par les valeurs immobilières.

La propriété foncière, c'est-à-dire le sol de la France, a été
évaluée à quatre-vingt-dix milliards par deux économistes intelligents, M. de Foville et M. Cordier, du Calvados. J'estime que
dans trente années toutes les propriétés foncières changeront
de propriétaire; elles auront donc fourni un impôt de neuf
milliards qui permettra de diminuer de pareille somme l'importance des billets de circulation qui, ayant été remboursés,
seront anéantis.

Les maisons des villes, dans cette même période de trente
années, fourniront aussi un impôt assez important, de telle
sorte que dans cette période, qui est assez courte dans la vie
d'un peuple, la dette publique aura été sinon remboursée du
moins réduite à deux ou trois milliards, de vingt milliards,
chiffre auquel elle s'élève actuellement.

Voilà ce que je propose pour débarrasser la nation de ce
chancre qui se nomme la dette publique. Ou le remboursement
en papier monnaie ou la banqueroute; telle est la destinée
inévitable des titres de rente de la dette publique.

III. — Abolition des droits d'octroi remplacés par un impôt sur les maisons des villes.

Il est facile de comprendre que les droits d'octroi, qui ne
sont autre chose qu'*un impôt sur le manger et sur le boire*, sont
onéreux pour les travailleurs et pèsent durement sur les classes laborieuses; ces droits d'octroi deviennent une véritable

iniquité dont le peuple subit les conséquences fatales.

Il suffirait de frapper les maisons d'habitation d'un faible impôt, de manière que cet *impôt-maison* égalât le chiffre des droits d'octroi, et alors on pourrait supprimer les droits d'octroi sans qu'il en résultât aucun dommage au point de vue de l'administration des intérêts de la cité.

Les droits d'octroi sont préjudiciables non seulement aux habitants des villes qui consomment les produits agricoles, mais ils sont encore défavorables aux habitants des campagnes qui ont intérêt à trouver un écoulement facile de leurs produits agricoles.

Pour ces deux raisons, *les droits d'octroi sont une cause certaine de misère* pour les nations qui pratiquent ce détestable régime, parfaitement *anti-économique.*

IV. — Organiser le libre-échange universel.

Le *monopole* est un principe d'économie sociale détestable en ce qu'il maintient **la cherté** quand même des objets de consommation. La *concurrence*, au contraire, est un principe d'économie sociale favorable à tout le monde parce qu'il provoque le **bon marché** et par suite favorise la consommation. Je ferai remarquer au lecteur que nous sommes ici en présence de deux enchaînements de cause et d'effet.

La concurrence est donc favorable aux consommateurs. Or, qu'est-ce que le libre-échange universel, si ce n'est autre chose que la concurrence internationale ; donc la concurrence internationale ou le libre-échange universel sera un bienfait pour tous les peuples, le jour où il sera pratiqué par tous les gouvernements, non seulement de l'Europe, mais de tous les continents du monde.

Nous avons fait pas mal de traités de commerce avec les nations ; et ces traités sont défavorables à notre agriculture, à notre industrie et à notre commerce, parce que les produits de ces nations s'abattent sur nos marchés; si bien que nos produits sont écrasés par ces importations. Mais si les nations, avec lesquelles nous avons fait ces traités de commerce, avaient le droit d'exporter leurs produits dans tous les pays du monde, ils se trouveraient disséminés dans les diverses régions du continent et ne nous écraseraient pas comme ils le font.

Selon moi, les traités de commerce que les nations contractent entre elles ne valent pas, tant s'en faut, le libre-échange universel ; et pour le pratiquer et arriver à cette *situation d'une liberté de transaction universelle absolue*, il suffit simplement de pratiquer la disposition économique que voici : Pendant cinq ans toutes les nations échangeront tous leurs produits moyennant un droit de douane de 15 0[0. Après ces cinq ans, le droit de 15 0[0 ne sera que de 10 0[0 pendant cinq ans; enfin, après ces cinq ans, le droit de douane ne sera plus que de 5 0[0 pendant cinq ans encore ; et après cette dernière période, le droit de 5 0[0 sera supprimé pour faire place au libre-échange le plus absolu, sans qu'il y ait un centime de droit de douane à payer.

C'est donc une période de quinze ans d'un tel régime à pratiquer pour que les nations des divers continents du monde puissent jouir de l'avantage que produira incontestablement, pour tous les peuples, le régime du libre-échange universel le plus absolu.

Voilà encore *une cause certaine de misère* parmi les nations, qui disparaîtra par ce fait incontestable que le bon marché est une cause certaine de richesse, tandis que la cherté est une cause certaine de misère parce qu'elle restreint la consommation.

V. — Il faut décréter l'association proportionnelle universelle.

Personne n'ignore que les capitalistes agriculteurs, industriels et commerçants, ne peuvent pas exploiter et faire valoir leur capital sans le concours des travailleurs; et que de leur côté les travailleurs — qu'il s'agisse des *colons* de l'agriculture, des *ouvriers* de l'industrie ou des *employés* du commerce — ne peuvent se procurer des moyens d'existence que par le concours des patrons capitalistes. Il est donc vrai que les capitalistes ne peuvent rien sans le concours des travailleurs, et ceux-ci ne peuvent rien non plus sans le concours des capitalistes. Cette nécessité absolue, pour les capitalistes et les travailleurs, de contracter une alliance forcée prend le nom d'*association*.

Donc, l'état actuel des choses, par suite duquel le travailleur reçoit *un salaire* de tant par jour, purement et simplement, constitue ce que je nomme l'**association naturelle;** il est naturel, en effet, de donner au travailleur un salaire quelconque pour le dédommager de la peine qu'il a prise et du service rendu au capitaliste, d'autant plus qu'il a des besoins à satisfaire, savoir les besoins de la vie, c'est-à-dire la nourriture, le vêtement et le logement.

Au dessus de l'association naturelle, il existe un principe économique supérieur que je nomme l'**association proportionnelle**, en vertu duquel les travailleurs, indépendamment du salaire de chaque jour, reçoivent à la fin de chaque année une part des bénéfices réalisés par le patron à l'aide de leur travail de l'année. Cette part des bénéfices accordés par le

3

patron aux travailleurs qui exploitent et font valoir son capital, peut être évaluée par dixièmes ou tant pour cent. Si, je suppose, elle est évaluée en dixièmes, et si elle est de 5 dixièmes ou la moitié ; plus l'établissement aura donné de bénéfices au patron, plus grande sera la part qui reviendra aux travailleurs ; cette part est donc proportionnelle aux bénéfices réalisés dans le courant de l'année, et les bénéfices sont bien le résultat du travail des travailleurs.

Cette disposition est une justice parfaite. Dans la plupart des établissements industriels on voit les patrons — au bout de quelques années d'exploitation — acquérir des sommes considérables qui ne sont autre chose que les bénéfices accumulés et obtenus par les soins et les fatigues des travailleurs ; aussi l'on peut dire que les travailleurs, réduits au mince salaire de chaque jour, sont dépouillés au profit de leur patron ; il y a donc, dans cet ordre de choses, un *abus*, une *injustice*, une *iniquité révoltante*, qu'on ne pourra jamais faire disparaître que par l'application de ce principe économique que je nomme l'*association proportionnelle*. Ce principe de l'association proportionnelle n'est pratiqué que très exceptionnellement.

Les agriculteurs qui donnent à leurs paysans ou colons la moitié de tous les produits de la ferme, ou une part inférieure telle que le tiers, sont très peu nombreux, en supposant qu'il en existe. Les industriels qui donnent à leurs ouvriers une part quelconque de leurs bénéfices annuels, soit deux, trois, quatre dixièmes, sont encore très rares. Je ne connais guère que la maison Bord, fabricant de pianos, à Paris, qui prélève sur les bénéfices de l'année 10 0[0 du capital, et qui abandonne le reste à ses ouvriers, soit 80 à 100,000 francs chaque année.

Or, cette disposition économique ne doit pas être le résultat du bon plaisir d'un nombre exceptionnel de patrons généreux, chez qui la cupidité n'a pas éteint tous les sentiments de justice et pour lesquels il y a une pudeur qui impose, je ne dirai pas des sacrifices — les sacrifices ne sont pas du côté des patrons, mais bien du côté des travailleurs — mais un droit imprescriptible.

Il faut donc que l'association proportionnelle par moitié soit inscrite en toutes lettres dans nos codes, et qu'elle ait force de loi, de telle sorte que ce principe économique devienne enfin une pratique générale dans nos mœurs françaises.

VI. — Organisation du crédit public et du crédit agricole par l'échelle du taux de l'intérêt de l'argent.

Une question économique d'une haute importance est celle qui a pour objet le crédit public et plus particulièrement le crédit agricole.

En octobre 1880, la presse politique a traité un sujet très important, savoir : **Les enquêtes sur le crédit agricole.**

« Dans l'énoncé des faits, il est dit que sous le règne de « Louis-Philippe, en 1840, le conseil général de l'agriculture « émit le vœu qu'on étudiât les institutions de crédit agricole « qui fonctionnent à l'étranger ; mais la Révolution de février « 1848 vint interrompre les travaux de ces études.

« Ce même projet fut repris par le gouvernement de la « République, mais interrompu une deuxième fois par le « Coup d'Etat du 2 décembre 1851. Le gouvernement de l'Em- « pire à son tour s'occupa de ces projets ; mais la journée de « Sedan, qui amena la chute de l'Empire, interrompit pour la « troisième fois les travaux de la commission.

« En 1878, M. Teisserenc de Bort pensa qu'il était temps que « le République s'occupât de cette grande question pour la « résoudre. Il constitua une commission de dix membres pré- « sidée par M. Léonce de Lavergne et la chargea de ce travail. « Plus tard, M. Tirard, ministre de l'agriculture, prescrivit « une enquête auprès des conseils généraux, et demanda au « ministre des affaires étrangères de faire recueillir par ses « agents des renseignements sur les institutions de crédit « agricole existant chez les autres peuples. »

Enfin, le journal qui, à la date du 4 octobre 1880, me fournit tous ces renseignements ajoute : « Aujourd'hui cette double « enquête est terminée, M. le Ministre de l'agriculture vient « d'en faire publier les résultats dans un volume qui contient « avec l'historique de la question, **L'EXPOSÉ DE CENT ET** « **QUELQUES SYSTÈMES PROPOSÉS**, les avis des conseils « généraux et de précieux renseignements sur les établisse- « ments de crédit qui fonctionnent à l'étranger. »

Voilà donc quatre gouvernements, ceux de : Louis-Philippe, la République de 1848, l'Empire de Napoléon III et la Répu- blique de 1871, qui, pendant quarante ans, se sont escrimés pour trouver un système d'organisation de crédit agricole, et qui n'ont pu aboutir, puisque rien de pratique et de satisfai- sant *n'a pu encore être décrété* pour réaliser ce précieux bienfait économique, le crédit agricole.

Messieurs, j'ose affirmer que ce problème économique im- portant sera résolu d'une manière parfaite et à la satisfaction générale par la pratique d'un principe économique entièrement nouveau, que je nomme : *L'échelle du taux de l'intérêt de l'argent.*

Ce principe économique consiste à décréter trois taux légaux, c'est-à-dire *ayant force de loi* : soit, par exemple, 5, 4 et 3 0|0 ou bien 5, 4 1|2 et 4 0|0 ou bien encore 4, 3 1|2 et 3 0|0.

Prenons, par exemple l'échelle : 4 0|0 3 1|2 0|0 et 3 0|0. Le premier taux sera affecté à l'agriculture : tout agriculteur qui empruntera de l'argent paiera 4 0/0 d'intérêt à l'emprunteur ; le deuxième taux sera affecté à l'industrie : les industriels qui emprunteront paieront 3 1/2 0/0 d'intérêt; enfin, le troisième taux sera affecté au commerce : tout commerçant qui empruntera paiera 3 0/0 d'intérêt au prêteur.

Cette combinaison économique fera que les valeurs se porteront en masse sur l'agriculture pour faire un placement à 4 0/0 ; les valeurs qui ne trouveront pas d'emploi dans l'agriculture se jetteront sur l'industrie pour avoir 3 1/2 0/0 d'intérêt; enfin, les valeurs qui ne trouveront pas leur placement sur l'agriculture ni l'industrie s'adresseront au commerce et se contenteront de 3 0/0.

Rien n'est plus facile à comprendre que cette combinaison économique par suite de laquelle l'agriculture regorgera d'argent; dès lors on ne pourra pas dire qu'elle manque de crédit et que les capitaux lui font défaut.

Il est sous-entendu que tous ces prêts d'argent faits aux capitalistes, c'est-à-dire aux agriculteurs, aux industriels et aux commerçants, *se feront exclusivement par l'intermédiaire des notaires.* Je ne veux pas de banque, pas de sociétés financières: *ces institutions sont une véritable peste sociale,* ou mieux **le Chancre rongeur** qui dévore la fortune publique.

RÉSUMÉ

VII. — De la distribution des richesses.

Messieurs,

Un critique intelligent a dit avec beaucoup de raison : « Tous les économistes s'occupent à bon droit de la production des richesses, mais personne ne s'inquiète de leur distribution. »

Et cela est parfaitement vrai. Cependant qui ne comprend que la distribution des richesses est la conséquence *naturelle, morale, incontestable* de leur production. A quoi bon produire les richesses pour les entasser dans les greniers, les celliers, les entrepôts, les magasins, etc? Il faut les livrer à la consommation. Les consommateurs ne font jamais défaut, il est vrai, mais ce qui fait défaut c'est l'argent pour payer les richesses afin de pouvoir les consommer; ce qui indique tout de suite le vice de notre organisation économique qui accumule les valeurs ou l'argent dans un petit nombre de bourses, tandis que les valeurs monétaires devraient être éparpillées, je veux dire versées dans la bourse de tous; vice économique qui disparaîtra seulement le jour où l'*association proportionnelle par moitié* sera pratiquée dans tous les établissements agricoles, industriels et commerciaux.

On peut affirmer que la science économique se résume dans deux opérations, **produire les richesses** avec *abondance* et en *quantité*, et les **distribuer** avec *intelligence*, avec *soin*, avec *justice*. Toute la solution du problème économique qui a pour objet l'abolition de la misère parmi les nations est là ; car, si la misère existe parmi les nations c'est uniquement **à cause** que la distribution des richesses est fort mal faite : beaucoup à quelques-uns et peu à tous les autres ; ce qui constitue **la plus grande des iniquités morales.**

La distribution des richesses rend obligatoire une double nécessité absolue : 1° le partage des héritages par parties égales entre les héritiers ; 2° le partage des bénéfices entre les patrons et les travailleurs qui les produisent. Mais tant que les nations pratiqueront *le principe des majorats* qui donne tout l'héritage à l'aîné et rien aux autres membres de la famille ; tant que l'on pratiquera *le régime du salariat*, par suite duquel le propriétaire de l'établissement industriel empoche tous les bénéfices, de telle sorte que les valeurs s'accumulent dans la caisse des patrons capitalistes ; je répète : tant que l'on pratiquera les majorats et le salariat, on arrivera forcément à cette conséquence fâcheuse et honteuse à la fois, une richesse insolente d'un côté et pour un petit nombre ; de l'autre, une gêne ou la misère pour des masses innombrables. On comprend sans peine, d'ailleurs, que la misère du grand nombre est la conséquence forcée de la richesse exagérée du petit nombre ou ce qui revient au même : la richesse excessive des capitalistes qui accaparent les valeurs est la cause engendrante de la misère des prolétaires qui sont dépouillés.

L'Angleterre, la Russie et quelques autres nations nous offrent ce triste tableau d'une misère désolante à côté d'une richesse absolument exagérée ; les uns manquent du nécessaire les autres gaspillent leurs richesses sans souci de ceux qui souffrent de la misère.

Pour simplifier ma discussion et résumer la question, celle qui a pour objet d'anéantir les causes certaines de la misère parmi les nations, voici le *régime économique à pratiquer* :

1° Le partage des héritages, par parties égales, entre les enfants de la famille ;

2° L'association proportionnelle dans les trois grandes institutions : l'agriculture, l'industrie et le commerce, par suite de laquelle les travailleurs, indépendamment de leur salaire de chaque jour, recevront, chaque année, la moitié des bénéfices de l'établissement, qu'ils partageront entre eux, au marc le franc ;

3° L'impôt sur le capital et conséquemment la suppression de tous les impôts tels que droits d'octroi, cote personnelle, imposition mobil'ère, etc.;

L'impôt sur le capital se divise en quatre parties :

1. — *L'impôt agricole* payable par les propriétaires du sol ;

2. — *L'impôt industriel* payable par les industriels, manufacturiers ou fabricants ;

3. — *L'impôt commercial* payable par les commerçants ,

4. — *L'impôt-maison* payable par les propriétaires de maisons.

4° Libre échange international universel , de manière à faciliter la consommation au meilleur marché partout et toujours ;

5° Organisation du crédit public et du crédit agricole par l'établissement de l'échelle du taux de l'intérêt de l'argent constituée par trois taux légaux : 4, 3 1/2 et 3 0/0 si l'on veut; savoir, 4 0/0 pour les agriculteurs, 3 1/2 0/0 pour les industriels, et 3 0/0 pour les commerçants.

Tels sont les cinq principes économiques à pratiquer qui rendront impossible la misère parmi les nations.

Conséquemment :

1° Abolition des majorats ;

2° Abolition du monopole des bénéfices que font les capitalistes, agriculteurs, industriels et commerçants, au détriment des travailleurs ;

3° Abolition des droits d'octroi et autres impôts indirects ;

4° Abolition des droits de douane ;

5° Abolition des sociétés financières en commandite par actions et de toute cette organisation financière parasite et rongeuse qui est véritablement la plaie de notre société, et dévore les peuples ; remboursement de la dette publique.

Si je mets les cinq principes économiques qui feront disparaître la misère parmi les nations, en présence des cinq réformes en vue d'*abolir* les institutions économiques qui sont une cause certaine de misère sociale, je dis que l'état de misère qui ronge les nations actuellement n'est séparé que de l'épaisseur d'un cheveu de l'état de prospérité certaine qui sera la conséquence des réformes économiques que je propose de faire.

A l'œuvre donc, Messieurs les gouvernants de la République française : décrétez l'abolition des sociétés financières en commandite par action qui sont la honte de notre organisation, et aussi la honte de votre politique qui les maintient ; remboursez la dette publique en papier-monnaie, et supprimez la rente qui s'élève annuellement à douze cents millions. De ces douze cents millions de francs affectez quatre cents millions à la diminution de l'impôt foncier afin d'alléger l'agriculture, qui succombe sous l'oppression des spéculations financières ;

appliquez quatre cents millions à l'instruction publique, et il vous restera encore quatre cents millions dont vous pourrez disposer, soit deux cents millions pour le budget de la guerre et deux cents millions pour les colonies, etc.

Voilà, Messieurs, de la grande politique ou je ne m'y connais plus.

Faites toutes ces réformes et vous ferez quelque chose de grand et d'utile pour la patrie. Ces dispositions économiques que je vous propose je les considère comme une mesure de salut public, alors que l'agriculture est épuisée, que l'industrie est ruinée par la concurrence étrangère, alors que les campagnes manquent de bras et que les populations urbaines se mettent en grève en masse par suite de la cherté des loyers et des subsistances.

En agissant selon les démonstrations économiques que je viens de vous signaler, vous sauverez la nation du désastre qui nous menace et dont vous serez responsables par votre indifférence, votre incurie ou votre mauvais vouloir ; car il est certain que le jour où les travailleurs seront sans travail et sans pain, ils se lèveront comme un seul homme pour égorger les accapareurs et les exploiteurs ; n'oubliez jamais *cette sentence de justice* sortie de la poitrine des exploités : *Vivre en travaillant ou mourir en combattant!*

Trève donc, Messieurs, pour vos luttes politiques dans lesquelles les partis se disputent le pouvoir; luttes politiques qui sont un scandale aux yeux des autres nations et seront un malheur certain pour notre pays qui vous a confié votre mandat, et livré ses destinées à vos mains impuissantes. Je dis impuissantes, car vous ne faites rien pour détruire le régime honteux de l'agiotage et de la spéculation financière, régime qui a ruiné en partie notre agriculture et par suite notre industrie, car je vous ai prouvé par mes *démonstrations scientifiques* que dans le domaine de l'économie sociale l'industrie est absolument dépendante de l'agriculture, si bien que la *ruine de l'agriculture doit engendrer forcément la ruine de l'industrie*; c'est là *une loi naturelle immuable* que personne ne peut changer; et c'est grâce à votre impuissance que la destinée de notre nation se trouve livrée à cette tourbe de juifs spéculateurs, agioteurs ou voleurs — tous ces termes sont à peu près synonymes — lesquels juifs, par leur cupidité honteuse, consomment la ruine de notre patrie et attireront tous les malheurs sur notre famille française. Voilà, je vous le répète, où votre impuissance est manifeste, car vous ne savez pas arrêter ces flots dévastateurs des agioteurs, et comprimer cette tourbe de spéculateurs sans pudeur et sans conscience **qui n'ont d'autre Dieu que ce maudit argent.**

Lettre à Messieurs les Députés

Messieurs,

Une tâche difficile vous incombe : celle de gouverner la France alors que vos finances sont en mauvais état et que de grandes dépenses s'imposent dans nos colonies, alors que l'agriculture est en souffrance et en décadence, alors que de tout côté nos travailleurs se mettent en grève pour obtenir une augmentation de salaire provoquée par la cherté des subsistances et l'augmentation des loyers.

Dans le débat qui vient d'avoir lieu au sein de votre Assemblée, le remède à la crise générale n'a pas été trouvé. M. Baudry-d'Asson a proposé le rétablissement de la monarchie. Mais qui ne comprend que la monarchie est un principe politique concernant la forme du gouvernement, tandis que la difficulté qui surgit provient des institutions économiques lesquelles sont mauvaises ; autre chose est la forme du gouvernement et autre chose sont les mauvaises lois économiques. Est-il possible de se méprendre de la sorte ?

M. de Mun propose la puissance catholique pour apaiser les grondements de la misère ; singulière opinion en vérité ! Quand donc en aurons-nous fini avec toutes ces capucinades ? C'est la charrue et non le goupillon qui nous délivrera de la misère. En somme, aucun des orateurs qui ont pris la parole dans ce débat n'ont fait la lumière et apporté le remède au mal.

La Commission des 44 continue ses travaux d'enquête avec persévérance ; elle a entendu les charpentiers, les ébénistes, les serruriers ; elle a entendu M. Corbon, sénateur, qui croit à *un grand malaise et dit que les causes en sont profondes et persistantes.* Là, est la vérité ; mais quelles sont ces causes ? Voilà le point essentiel que M. Corbon ne nous fait pas connaître.

Votre Commission d'enquête, Messieurs, a également entendu d'autres ouvriers, les principaux chefs du socialisme, tels que : MM. Joffrin, Labusquière, Allemane, Chabert, Brousse, etc, etc. C'est là une bonne chose ; aussi on ne pourra pas vous accuser d'indifférence à l'égard de nos travailleurs, puisque vous interrogez les voix autorisées de la démocratie.

Je n'ai pas à discuter ici les idées plus ou moins insuffisantes ou impraticables que ces travailleurs ont proposées à votre Commission.

Lorsque, le 18 janvier dernier, les ouvriers sans travail se sont présentés à la Chambre pour faire lire leur pétition à la tribune par le président de la Chambre, MM. Clémenceau et Révillon, qui les ont reçus, leur ont dit : *Avez-vous des moyens à proposer ?* Ce qui voulait dire : **Avez-vous une solution ?**

Ces ouvriers ont répondu que cela ne les regardait pas et que c'était aux membres du Parlement à trouver un remède. Cette situation m'amène à vous poser cette question : *Messieurs, avez-vous une solution ?* Le débat de votre Assemblée qui a eu lieu à la suite de l'interpellation de M. Langlois m'autorise à formuler cette réponse : **Non !**

A cette situation fâcheuse concernant l'industrie parisienne, note discordante à l'oreille du gouvernement, une autre note non moins discordante se fait entendre : je veux parler des doléances présentées au Sénat par M. de Saint-Vallier au sujet de l'agriculture, et particulièrement au sujet du département de l'Aisne dont la situation est déplorable, tellement que, dans le seul arrondissement de Laon, on compte *quarante-cinq fermes abandonnées.* Voilà certes des faits plus tristes encore que ceux qui sont relatifs à la crise que traverse l'industrie parisienne.

Messieurs, par complaisance ou peut-être par ignorance, on répète que la crise que nous traversons n'a pas l'importance que l'on veut dire ; que ce n'est qu'une situation du moment et qui prendra fin au premier jour. C'est là une erreur ; car le mal est beaucoup plus profond qu'on ne le croit généralement.

En octobre 1882, j'ai publié une brochure qui a pour titre : **LE CATACLYSME SOCIAL DE DEMAIN.**

Eh bien, j'ai le regret de vous annoncer que les faits qui surgissent en ce moment, concernant la crise agricole et la crise industrielle que nous traversons, *sont les premiers avant-coureurs du cataclysme qui doit engloutir la République de l'Opportunisme,* qui ne sait faire ou ne veut faire *aucune réforme en matière d'économie sociale* ; cataclysme qui mettra fin à vos luttes de partis politiques, luttes scandaleuses s'il en fut.

Continuez votre enquête, Messieurs, non seulement en vue de l'industrie, mais aussi et surtout en vue de l'agriculture, afin que vous puissiez vous rendre compte de toute l'étendue du mal ; vous n'aurez pas perdu votre temps, et peut-être alors vous comprendrez qu'il est temps de cesser de batailler pour renverser les ministres au pouvoir, et qu'il faut agir pour réformer une foule de lois et d'institutions, *celles enfin qui sont la cause engendrante certaine* de la situation difficile qui est faite à la nation.

Lorsque vous aurez terminé votre enquête et épuisé tous les moyens de vous renseigner, daignerez-vous — je ne dirai pas jeter un coup d'œil — mais étudier avec soin le présent mémoire que j'ai l'honneur de vous adresser?

A ce sujet, je viens vous faire une proposition qui vous paraîtra sans doute bizarre ou exagérée, mais qui, cependant, a sa raison d'être et qui est parfaitement logique et se trouve motivée par les circonstances difficiles que nous traversons ; circonstances qui ne sont pas près de disparaître.

Cette proposition est celle-ci : C'est qu'il vous plaise de m'admettre parmi vous comme député pendant le reste de la session, conséquemment jusqu'aux élections prochaines de votre Chambre.

Puisque vous ne dédaignez pas d'entendre les ouvriers, devez-vous craindre d'entendre un économiste qui a passé sa vie (40 ans) à étudier soigneusement l'économie sociale, qui a creusé toutes les questions, et pour qui cette science n'a pas de secrets? Quand tous les ouvriers vous auront dit que la concurrence étrangère les écrase, qu'ils ne peuvent plus vivre, vu la cherté des subsistances et des loyers, serez-vous bien avancés? La question intéressante, celle qui a réellement de la valeur, est celle-ci : *Quels sont les moyens de sortir de cette situation ?* Or, les ouvriers vous ont dit qu'ils n'avaient pas de moyens à vous proposer. Les débats qui ont eu lieu parmi vous, au sujet de l'interpellation de M. Langlois, vous ont prouvé que vous ne connaissez pas non plus quels sont les moyens de sortir de cette situation qui nous conduit à grands pas à une ruine certaine.

Et d'ailleurs, — si votre enquête est sérieuse, — vous devez écouter toutes les voix qui ont à dire quelque chose. Prêter l'oreille à de braves ouvriers qui n'ont pas eu le temps ni les moyens de s'instruire, ou qui ont l'esprit dominé par les doctrines subversives, telles que *le collectivisme par la Révolution* de Jules Guesde, ou le *communisme icarien* de Cabet, ou *le Phalanstère* de Fourier et autres inepties économiques ; prêter l'oreille, dis-je, à nos ouvriers, c'est bien ; mais fermer votre porte à un économiste *qui sait et qui a pour lui la connaissance de la vérité*, ce serait mal, car alors votre enquête ne serait qu'une comédie , et j'ajouterai une comédie indigne, qui vous rendrait responsables ; car, la crise ne frappe pas seulement les travailleurs, elle frappe aussi les capitalistes, c'est-à-dire les agriculteurs, les industriels et les commerçants ; seulement les capitalistes peuvent attendre parce qu'ils ont du crédit, tandis que nos travailleurs ne trouvent point de crédit — ne possédant aucune valeur en garantie — et dès lors ils ne peuvent attendre ; c'est pourquoi j'ai raison de dire que la crise frappe à la fois les travailleurs et les capitalistes, et que si votre enquête refusait de m'entendre ce serait une comédie indigne.

Vous demander de m'admettre au milieu de vous, comme

député jusqu'à la fin de la session, c'est peut-être à vos yeux quelque chose d'énorme. Mais, cependant, réfléchissez un instant. N'est-il pas vrai que chacun de vous est maître chez lui ; qu'il peut recevoir au foyer domestique, et même à la table de famille une personne qui a de bons sentiments et qui peut lui rendre quelques services ou être utile à ses intérêts? Nul doute à cet égard.

Eh bien, dans votre Chambre des députés, n'êtes-vous pas chez vous, Messieurs, et maîtres de vos actes? Ne pouvez-vous pas recevoir qui bon vous semble et lui faire les honneurs de votre tribune? Nul doute à cet égard ! Vous n'avez donc aucune excuse valable pour me refuser la porte de votre Assemblée.

D'ailleurs, vous devez comprendre, Messieurs, que les questions économiques sont de grandes questions qu'il n'est pas possible de traiter et de résoudre dans quarante-huit heures. Par exemple, la question du *remboursement de la dette en billets de circulation*, ce qui vous permettra de diminuer le budget de un milliard et deux cents millions ou vous fournira un revenu et des ressources pour une pareille somme, voilà une question qui ne peut pas être résolue dans quarante-huit heures? La question de l'*association proportionnelle*, qui donnera aux travailleurs une part des bénéfices obtenus par leur travail et mettra un terme aux grèves des travailleurs, voilà encore une grande question économique? La *suppression des droits d'octroi*, celle du *libre échange international* sont encore deux questions importantes, car elles auront pour résultat certain de faire baisser sensiblement la cherté des subsistances et le prix des loyers, ce qui intéresse toutes les classes de la société. Voilà pourquoi, Messieurs, la proposition que j'ai l'honneur de vous faire, celle de m'admettre au milieu de vous, dans votre Assemblée politique, n'a rien d'anormal, ni d'impossible, mais elle a sa raison d'être.

Comme je vous l'ai dit et prouvé dans les démonstrations de mon *Mémoire*, c'est la connaissance de *la loi des enchaînements* qui permettra aux uns et aux autres : — les travailleurs et les bourgeois capitalistes — de sortir de la situation difficile dans laquelle nous nous trouvons et dans laquelle se trouve également la société. *La loi des enchainements*, **c'est la Lumière à toutes les recherches scientifiques faites par l'esprit humain, c'est le remède à tous les maux, c'est la panacée universelle ;** voilà ce dont il faut bien vous pénétrer.

A l'époque où j'habitais Paris, j'ai suivi, pendant deux années, le cours d'économie politique que faisait M. Blanqui au Conservatoire des Arts et Métiers de la rue Saint-Martin, vers 1851, si je ne me trompe.

Plusieurs fois, j'ai assisté au cours de M. Michel Chevalier et de M. Baudrillard ; j'ai lu, dans ma vie, bien des mémoires ou rapports sur l'économie soit de M. Hippolyte Passy, de M. Léonce de Lavergne ou de tout autre économiste. Eh bien, j'ai beau interroger mes souvenirs, je ne me rappelle pas d'avoir jamais entendu énoncer *cette loi des enchaînements*, loi naturelle, qui a pourtant une grande importance, car elle régit tous les phénomènes de la vie au sein de l'immense univers. Aussi je me demande si nos savants, plus ou moins illustres, qui siègent à l'Institut, connaissent cette loi ; peut-être la connaissent-ils, mais ils ne se rendent pas compte de son importance et de sa puissance, de sorte que c'est absolument comme s'ils ne la connaissaient pas.

C'est cette grande loi des enchaînements des causes et des effets appliquée aux phénomènes de l'économie sociale que je voudrais discuter au sein de votre Assemblée pour vous prouver, clair comme le jour, que nous sommes à la veille du plus grand cataclysme social qui se puisse imaginer, et qu'il est non seulement possible, mais même facile de l'éviter par un ensemble de réformes économiques à pratiquer sans toucher à la propriété dont l'**inviolabilité** est une des bases essentielles de la société.

Voulez-vous, Messieurs, me faire l'honneur de discuter mes propositions ?

S'il doit en être ainsi, je puis vous assurer d'avance que je ne vous ferai pas perdre votre temps, et que s'il vous est donné d'accepter les réformes économiques que je préconise dans mon mémoire et dans tous mes écrits, vous aurez fait quelque chose de grand et de sérieux, vous aurez enfin bien mérité de la patrie et de l'humanité.

Dans l'espérance que ma prière sera entendue et ma demande prise en sérieuse considération,

    J'ai l'honneur,

Messieurs les Députés,

de vous présenter mes hommages et les témoignages de mon profond respect et de ma parfaite considération.

Jean-Louis VAÏSSE.

LETTRE

A MONSIEUR LE PRÉSIDENT

DE LA RÉPUBLIQUE FRANÇAISE

Monsieur le Président,

La Constitution de la République française vous reconnait le droit de faire grâce à certains condamnés à mort, privilège ou prérogative qui, je crois, a toujours existé pour les rois de France.

Je n'examinerai pas si cette prérogative est en harmonie avec l'esprit de la République ; il me suffit de savoir que si un accusé est condamné à mort vous n'avez qu'à dire : *non !* et il sera gracié ; le bras de la justice sera arrêté ; si, au contraire, vous gardez le silence, la justice suivra son cours et la victime portera sa tête sur l'échafaud.

C'est en vue de ce principe politique et de cette puissance acquise à votre personne, par suite des fonctions élevées que vous remplissez au sein du gouvernement de la République française, que je viens, Monsieur le Président, solliciter votre concours et votre appui en faveur *d'une victime condamnée à mort*. Cette victime, à qui est réservée une pareille destinée, se nomme : **La Société**.

En janvier 1876, j'ai publié une brochure qui a pour titre : **L'Avenir ?**... *Dieu protège la France !...* .

La pensée philosophique et politique de cette publication se trouve résumée dans l'épigraphe qu'elle porte, exprimée en ces termes : « Le *Syllabus*, décrété par Pie IX au nom 'du ca-« tholicisme, *est un principe de mort* en matière d'économie « morale ; et le système financier qui nous régit, l'œuvre de la « Monarchie en décadence et aux abois, *est aussi un principe* « *de mort* en matière d'économie politique.

« Ces deux principes subversifs mettront fin à l'ordre de « choses qui subsiste en ce moment. C'est par eux que la so-« ciété périra, et rien ne saurait la préserver d'une fin inévi-« table et prochaine. »

Ces affirmations, formulées il y a huit ans, n'ont rien perdu de leur valeur morale ; elles sont aujourd'hui plus vraies parce qu'elles sont plus appréciables, et, à mesure que nous avancerons dans l'avenir, elles s'accentueront tous les jours davantage jusqu'au moment où elles seront une réalité démontrée par les faits.

La société périra ? Je m'explique.

La destinée de l'humanité n'est qu'une marche ascendante continue dans la voie du progrès ; cette destinée morale, dans les desseins intelligents de la Providence, comprend quatre grandes périodes, que je nommerai : *les quatre âges du monde.*

La première période a commencé à la naissance des premières familles de l'humanité et a fini à l'apparition de Moïse ; la seconde période a commencé à Moïse et a fini à l'apparition de Jésus-Christ ; la troisième période, qui a commencé à Jésus-Christ, touche à sa fin, et doit finir au premier jour, pour faire place à la quatrième période que je nommerai : *l'ère du Règne de Dieu,* c'est-à-dire l'ère de la justice, ou bien, l'avénement de l'âge d'or des peuples ; ou bien encore, l'avénement de la démocratie et de la liberté.

Or, cette transformation sociale ne peut s'accomplir qu'à la condition que deux grandes puissances, la *Papauté* et la *Monarchie,* soient à tout jamais abolies.

En effet, la Papauté, ou, si vous aimez mieux le catholicisme romain, c'est le despotisme et l'asservissement de l'intelligence ou de l'âme ; et la Monarchie, c'est le despotisme et l'asservissement des personnes par des *impôts écrasants,* les *armées permanentes* et les *abus du pouvoir.*

D'où il suit, que l'ère de la liberté et l'âge d'or des peuples ne peut surgir qu'à la condition expresse que ces deux grandes puissances, la Papauté et la Monarchie, aient disparu de la surface du monde.

Là est la vérité certaine, immuable ; l'existence de ces deux puissances et l'ère de la liberté sont incompatibles, autant que le sont la lumière et les ténèbres.

C'est à cause de cela que j'ai raison de dire que notre société doit périr pour faire place à la société nouvelle qui s'appellera l'âge d'or des peuples ou le Règne de Dieu, c'est-à-dire l'ère de la justice et de la vérité.

Cette transformation sociale peut s'accomplir par deux moyens ou deux méthodes différentes ; par la réforme opérée pacifiquement par le gouvernement de la République française, ou bien par une révolution violente que fera la démocratie française.

On a dit que la France était la fille aînée de l'Eglise. C'est une erreur ou un mensonge que tout républicain doit répudier avec mépris. C'est la Papauté qui a inventé cela ; elle a voulu nous flatter soit par crainte de notre tempérament révolutionnaire, soit dans l'espérance de nous exploiter au profit de sa puissance ébranlée.

Mais ce qui est la vérité certaine, c'est que la **France est la**

fille aînée de la Liberté, et ce qui le prouve, c'est que nous sommes la seule nation qui ait fait son 89. La Russie et l'Allemagne n'ont pas encore fait leur 89 ; l'Angleterre n'a pas davantage fait son 89 ; l'Italie, l'Espagne et autres nations n'ont pas non plus fait leur 89.

Et c'est précisément parce que nous sommes la nation fille ainée de la liberté qu'il nous incombe *le devoir*, *le droit*, *l'honneur* ou *la gloire* de poursuivre la destinée qui nous est faite par Celui qui gouverne toutes choses, en faisant la révolution nouvelle, celle qui donnera au monde l'avènement du Règne de Dieu, c'est-à-dire l'ère de la liberté des peuples, qui sera aussi l'âge d'or de l'humanité.

Voilà, Monsieur le président, des données morales et politiques, qui sont aussi certaines qu'il est certain que le soleil se lèvera demain à son heure.

Faut-il opérer cette transformation sociale par la voie des réformes, ou bien faut-il la réaliser par la révolution sanglante ? La réponse n'est pas douteuse.

Par les réformes, elle s'accomplira au milieu des chants de riomphe ; par la révolution sanglante, elle s'accomplira au milieu des cris déchirants de milliers de victimes immolées ; mais comme vous avez le droit et la puissance de faire grâce et de soustraire à la mort les condamnés, il ne tient qu'à vous, Monsieur le président, de nous préserver de la révolution sanglante qui doit trancher la vie de ces milliers de victimes de la liberté.

Voici de quelle manière vous pouvez nous sauver des horreurs de la révolution sociale.

Il vous suffit de faire droit à la demande que j'ai adressée à MM. les députés, en m'autorisant à venir au milieu de vous tous, les membres du gouvernement, pour vous démontrer que la cause certaine de la désorganisation de notre agriculture et de notre industrie, — source de toutes les agitations populaires qui mettent votre gouvernement sans cesse en péril, — n'est autre que l'organisation de notre système financier et l'existence des sociétés financières en commandite par actions. Je vous l'ai démontré dans le présent mémoire à l'aide *de la loi sur les enchaînements*, et sur ce sujet, je suis en mesure de réfuter toutes les objections que l'on pourra me faire.

Lorsque la question économique sera épuisée, rien ne m'empêchera de traiter la question religieuse et de vous prouver que la séparation de l'Eglise et de l'Etat et la suppression du budget des cultes, *principe politique* qui est à l'ordre du jour, sont la plus déplorable de toutes les solutions religieuses, et le dernier coup de massue donné à la République, car alors vous serez en présence d'un clergé à qui vous aurez volé son pain, réduit à la misère, et deviendra votre ennemi implacable et le plus terrible. Il y a beaucoup mieux à faire que cela, Monsieur le président.

Le gouvernement de la République doit prendre possession de l'Eglise en la séparant de la cour du Vatican, c'est-à-dire en répudiant, d'une manière absolue, l'autorité et la gestion du Pape. Le gouvernement de la République restituera la famille au clergé en abolissant le célibat des prêtres ; il supprimera la confession et tous les abus du formalisme catholique; il imposera au clergé l'enseignement des doctrines de l'*Evangile* à la place des doctrines du *Syllabus*; il nommera enfin tous les dignitaires et fonctionnaires de l'Eglise qui recevront un traitement honorable, et alors vous aurez un clergé indépendant, dont l'existence sera assurée, à qui vous aurez rendu la famille et qui deviendra le défenseur de la République. Quels sont donc les tristes politiciens qui proposent la séparation de l'Eglise et de l'Etat et la suppression du budget des cultes ?

La République se sauvera toujours par la logique, la raison et la justice, elle se perdra à coup sûr par une folle politique. Supprimer le budget des cultes, c'est répudier la Religion ; répudier la Religion, c'est tout ce qu'il y a de plus extravagant, de plus inique et de plus impolitique.

Après la question religieuse, rien ne m'empêchera de traiter avec vous la question politique, ce que l'on appelle : *la révision de la Constitution.*

Je compare la Constitution du gouvernement de la République française, à une patache mal attelée qui s'embourbe à tout moment. Reviser la Constitution ne peut être qu'un mauvais replâtrage; il faut la jeter aux orties et en refaire une autre qui soit digne de la France, qui soit l'expression de notre génie national empreint du libéralisme le plus pur.

La *République vraie*, celle qui deviendra universelle parce que tous les peuples du monde l'adopteront, doit être constituée de la sorte :

1º *Une Assemblée unique* composée moitié de capitalistes élus par la bourgeoisie et moitié d'ouvriers sachant lire et écrire *nommés par les travailleurs*; de cette manière tous les intérêts seront représentés ; tandis que votre gouvernement étant,, composé uniquement de bourgeois capitalistes, les intérêts des travailleurs sont mis de côté et comme foulés aux pieds.

2º Les électeurs doivent savoir au moins lire et écrire leur signature ;

3º Je demande que les femmes, sachant lire et écrire, soient admises à voter ; il est temps enfin d'appeler cette meilleure moitié du genre humain à la vie politique ;

4º Défense à aucun citoyen de poser sa candidature à l'Assemblée ; c'est aux électeurs à rechercher dans le public les hommes qui ont donné quelques preuves de capacité et qui ont quelque vertu personnelle. Par la candidature, on est exposé à avoir au gouvernement un trop grand nombre d'ambitieux ou d'incapables ; par *le principe de la non-candidature*, on arrivera à avoir un gouvernement d'hommes éclairés et dévoués, et tout sera bénéfice pour la nation ;

5° Les ministres doivent être pris en dehors de l'Assemblée et assimilés aux préfets ; conséquemment chargés uniquement de surveiller l'expédition des affaires et les bureaux du ministère ; enfin, n'ayant rien à voir aux débats de l'Assemblée. ils devront s'abstenir d'assister à ses séances ;

6° Enfin, l'Assemblée unique qui composera le gouvernement et exercera la puissance absolue, se nommera *le Conseil des sages.*

A part une foule de détails de second et de troisième ordre que je passe sous silence, tels sont les principes essentiels qui doivent constituer un jour *le gouvernement de la République démocratique universelle.*

Telles sont les trois grandes questions : la question économique, la question religieuse et la question politique, qu'il me parait utile de traiter et de résoudre, si l'on veut affermir la République, la rendre puissante et capable de lutter avec avantage contre ses ennemis, qui conspirent pour la renverser.

Ce qui me donne quelque autorité dans toutes ces grandes questions, Monsieur le président, c'est que j'ai passé ma vie à les étudier ; elles sont devenues l'unique sujet de mes pensées, puis enfin j'ai puisé mes connaissances aux sources mêmes de la vérité, de la vérité certaine, de la vérité immuable.

Le domaine de la politique et le domaine des religions sont infestés d'affirmations systématiques, imaginées, inventées, supposées, admises sans preuves certaines, en un mot le système humain trône partout, et aussi partout l'erreur domine.

Les commentaires des Pères de l'Eglise et les décrets des Conciles de Rome ne sont que des systèmes de morale où les erreurs fourmillent ; les principes politiques des gouvernements humains, qu'ils soient monarchiques ou républicains, sont infestés par les systèmes humains inventés comme à plaisir ; de là des erreurs sans nombre, de là une foule de maux qui pèsent sur les nations et l'humanité.

Il existe deux grands luminaires, deux foyers de lumière seuls capables d'éclairer la raison de l'homme, de l'affranchir du doute et de le soustraire à l'ignorance et à l'erreur.

Ces deux grands luminaires, indispensables à la raison de l'homme pour l'éclairer sur ses destinées et sur les vérités suprêmes, sont : **la Nature et la Révélation. La Nature est seule la vérité physique ; la Révélation est seule la vérité**

morale : la Nature et la Révélation sont aussi les véritables sources, d'où découle la vie universelle.

En dehors de la Nature et de la Révélation, il n'y a que ténèbres, ignorance et malheur; et tandis que tous nos politiciens, nos moralistes ou les novateurs qui s'affirment en foule puisent leurs inspirations dans les écrits humains, moi je fais table rase de tous ces écrits et *je puise mes inspirations uniquement* au foyer de la Nature et à celui de la Révélation.

Voilà, Monsieur le président, ce qui me donne une supériorité incontestable et considérable sur mes contemporains.

J'ajouterai que la connaissance des vérités physiques se trouve dans *l'étude des phénomènes de la Nature*, et la connaissance des vérités morales se trouve dans l'étude de la Révélation ; enfin la Révélation se résume dans le Décalogue de Moïse et dans l'Evangile de Jésus-Christ, ou mieux ce que je nomme *la philosophie du Christianisme*, c'est-à-dire **la doctrine chrétienne** dégagée des *miracles de la légende, du formalisme,* etc., ce que je nomme enfin **le dogme révélé ?**

C'est dans l'étude de la Nature que j'ai fait ma grande découverte des lois naturelles, dont la théorie scientifique des effets et des causes est une partie; théorie qui me permet de déterminer les causes réelles de la misère, et conséquemment les moyens d'abolir la misère et le prolétariat, résultat précieux, comme il est facile de le comprendre.

Aussi, tandis que les hommes d'Etat, aux prises avec toutes les difficultés des temps, se débattent au milieu des systèmes, des sophismes et des utopies, et sont impuissants à trouver les solutions demandées, ma doctrine du Spiritualisme donne la solution pratique et parfaite de tous les problèmes sociaux qui s'imposent à notre génération agitée et troublée.

En matière d'économie sociale, n'est-il pas vrai que les conférences du Luxembourg, présidées par Louis Blanc, en 48, *ont été impuissantes ?* N'est-il pas vrai que l'Internationale et les Congrès ouvriers français *ont été impuissants ?* N'est-il pas vrai que les cinq cents concurrents du concours Isaac Pereire *ont été impuissants ?* N'est-il pas vrai que le débat de la Chambre des députés, provoqué par l'interpellation de M. Langlois, *a été impuissant ?* N'est-il pas vrai que les nombreux ouvriers des corporations de Paris, qui ont été entendus par la commission d'enquête des quarante-quatre, *ont prouvé leur insuffisance ?* Mais que demain capitalistes et travailleurs veuillent bien se donner la peine de prendre connaissance de ma théorie scientifique des effets et des causes et surtout de la *loi naturelle des enchaînements*, et aussitôt la lumière se fera dans l'esprit de tous; les causes réelles de la misère apparaîtront au grand jour de la raison éclairée, et la solution du problème de la misère s'imposera d'elle-même comme conséquence naturelle ou forcée de la vérité acquise par la connaissance de la loi des enchainements des effets et des causes.

Il est facile de comprendre que les lois naturelles sont la cause certaine des phénomènes de la vie universelle, de telle sorte que connaitre les lois naturelles, c'est aussi connaitre les causes de la vie universelle, c'est-à-dire les causes de toutes choses.

Si Virgile, qui a dit : *Heureux celui qui peut connaitre les causes des choses*, sortait de son tombeau, j'irais droit à lui et je lui dirais : Grand poète, voici l'heureux mortel qui connait les causes des choses et pour lequel il n'existe pas de mystère ; et cela est vrai, car le mystère n'est autre chose qu'un phénomène dont on ne sait pas expliquer où trouver la cause engendrante ; mais du moment que l'on peut déterminer la cause engendrante des effets, le mystère disparait ; avec la connaissance des lois naturelles, le mystère n'est plus possible.

Il est sous-entendu que cette affirmation n'est que relative et n'est pas absolue, car l'absolu n'est pas de ce monde ; dans notre destinée morale ou physique tout est relat...

Le mot *prophète* signifie *voyant*, et les mortels que l'on qualifie de prophètes voient l'avenir comme ils voient le présent ; de telle sorte qu'ils sont censés deviner les événements comme s'ils étaient sorciers.

Rien n'est plus faux que cette affirmation ; le prophète n'est autre qu'un moraliste qui, ayant une grande connaissance des lois morales qui régissent la destinée des hommes, d'après des causes existantes, détermine par avance les effets certains qui seront la conséquence inévitable de ces causes.

La prophétie, qu'elle s'applique à des individus isolés ou à des nations et des générations entières, elle n'est pas autre chose que cela.

Aussi, ayant fait de longues études en matière de lois morales et ayant acquis des connaissances sérieuses sur ce sujet, il m'est possible d'affirmer, en vue du présent, ce que sera l'avenir comme conséquence des faits qui s'accomplissent dans ce moment.

Le *nihilisme*, le *fenianisme* et le *socialisme* sont trois sectes révolutionnaires qui comptent des apôtres dans toutes les nations.

Les apôtres de ces trois sectes révolutionnaires seront comme le levain qui fera lever toute la pâte, de telle sorte qu'à un moment donné ces trois sectes révolutionnaires absorberont la Démocratie de tous les pays, je dirai du monde entier.

Alors la société se trouvera divisée en deux classes, la classe ou la masse des exploités ou des travailleurs qui représente les trois quarts de la société, et l'autre quart comprendra les dominateurs ou exploiteurs, c'est-à-dire ceux qui encaissent les bénéfices et vivent de la sueur des travailleurs qui produisent les richesses.

Voilà le présent; et voici ce que je prophétise pour l'avenir, ce que je vois très clairement; voici ce qui se réalisera très certainement dans un avenir plus ou moins prochain.

Je vois la masse des exploités, dans une grande colère, se lever comme un seul homme pour demander compte aux exploiteurs de leur conduite indigne et honteuse.

Je vois les trois quarts de la société se jeter avec fureur sur l'autre quart pour l'égorger.

Je vois se réaliser à la lettre cette prophétie lugubre et sanglante que Jésus-Christ a dévoilée à ses disciples, quand il les a instruits touchant les événements qui doivent précéder l'avènement du Règne de Dieu parmi les nations : « Les « hommes seront comme rendant l'âme de frayeur dans l'at- « tente des choses qui arriveront par tout le monde (S. Luc, « XXIV, 26). Que si ces jours-là ne devaient pas être abré- « gés, personne n'échapperait; mais ils seront abrégés à « cause des élus (S. Mathieu, XXIV, 22.) »

Je vois encore la fille ainée de la liberté, notre chère France, déchirée par la guerre civile, entre les d'Orléans et les Bona- partes, — qui veulent nous placer de nouveau sous le joug de l'usurpation, — et la République, qui défend les droits des peuples.

Je vois notre chère France envahie par notre implacable ennemi et livrée conséquemment à toutes les horreurs de la haine, à toutes les tortures du martyre.

Je vois enfin ce peuple, descendant des révolutionnaires de 89, comme illuminé tout à coup par un éclair de Lumière venu d'en Haut, comprendre la vérité suprême des causes engen- drantes et des effets engendrés; comprendre qu'il n'y a d'autre moyen de détruire la misère que par les principes économiques consignés dans le présent mémoire; comprendre que l'on peut, *par les principes du déisme chrétien,* véritablement affranchir à tout jamais la Démocratie universelle de tous les maux qui la rongent; comprendre enfin qu'il n'y a d'autre salut pour les peuples que dans les principes de ma doctrine du *Spiritua- lisme qui prend sa source dans les vérités immuables de la Nature et de la Révélation.*

Enfin *ce que je vois encore,* c'est ce peuple, martyr de la liberté, après avoir arraché le pouvoir à des exploiteurs indi- gnes, le remettre à celui qui a trouvé la solution de tous les grands problèmes sociaux, lesquels s'imposent à cette société vermoulue et qui s'écroule de toutes parts.

Et *ce que je vois en dernier lieu,* c'est le moraliste, déiste chré- tien, — qui a écrit le présent mémoire, — tenir dans ses faibles mains les destinées de la France et avec elles les destinées du monde entier.

Dans l'histoire de l'humanité, il s'est trouvé des hommes qui ont été investis d'une mission suprême, celle de libérateur. Moïse, délivrant le peuple hébreu de la captivité d'Egypte; Jésus-Christ, affranchissant le monde payen de la servitude qui pesait durement sur lui, étaient des hommes prédestinés à une œuvre libératrice.

Luther, arrêtant le catholicisme dans la voie funeste où il s'était engagé, et bravant les foudres du vatican a été dans toute l'acception du mot un libérateur accomplissant une mission officielle conforme aux desseins de Dieu; Jeanne d'Arc a été prédestinée pour sauver la France dans un moment difficile; elle s'est trouvée investie d'une mission morale, elle a été véritablement libératrice.

Il est d'ailleurs aisé de comprendre que toutes les fois qu'une situation difficile se présente pour l'humanité, Dieu, qui dirige nos destinées, n'est jamais en défaut; il suscite toujours un homme à la hauteur des difficultés à vaincre, et assez puissant pour opérer la délivrance ; et ces mandataires de la Providence ont conscience de leur mandat, ils ont l'intelligence parfaite de leur mission.

C'est ainsi que Moïse savait bien qu'il allait délivrer le peuple hébreu et l'arracher au despotisme des pharaons. Jésus-Christ avait le sentiment le plus précis de sa messianité; dans ses discours il l'affirme sans cesse; Luther savait bien qu'il venait réformer le catholicisme ; enfin Jeanne d'Arc savait bien qu'elle allait délivrer son Roi.

Eh bien, de même lorsque j'affirme que la société est en péril, que les peuples succombent par suite des excès de la politique des gouvernements, et que par les principes de lumière, de vérité et de justice de ma doctrine *le Spiritualisme* , je les délivrerai de tous les maux qui les rongent, je sais que je ne me trompe pas, et j'ai le sentiment parfait, et de la situation morale qui existe et de la mission qui m'est imposée. Aussi c'est sans crainte de l'avenir et dans une sécurité parfaite d'esprit que je viens dire à tous les opprimés du siècle, *c'est moi et moi seul qui vous délivrerai.*

Il y a deux idées qui ont envahi ma conscience et qui la remplissent ; elles me poursuivent et m'obsèdent sans cesse. La première est celle-ci, c'est que la société monarchique et catholique a fait son temps, elle est destinée à disparaitre et à finir; cette transformation nécessitera une sorte de cataclysme sanglant.

L'illustre et immortel Châteaubriand, dans ses *Mémoires d'outre-tombe*, a prophétisé d'une manière admirable cette destinée de notre société. « L'époque où nous vivons est le chemin « de halage par lequel des générations fatalement condamnées « tirent l'ancien monde vers un monde inconnu .... Oui, la « société périra......... Quand viendra ce jour ? Quand la « société se recomposera-t-elle d'après les moyens secrets du « principe générateur ? Nul ne peut le dire; on ne saurait cal-

« culer les résistances des passions......... *le monde ne saurait* « *changer de face sans qu'il y ait douleur.* »

Eh bien, c'est cette douleur, provoquée par la transformation de notre société, que dans un esprit de fraternité et de charité pour mes contemporains, je voudrais amoindrir le plus possible dans l'intérêt de tous.

La seconde idée qui remplit ma conscience est celle-ci ; à savoir, que ce n'est que par les principes de ma doctrine nouvelle, *la loi des enchaînements* appliquée à l'économie politique et par les principes du déisme chrétien que la société nouvelle pourra se constituer ; en d'autres termes, c'est moi qui serai le libérateur des opprimés et le régénérateur de cette société qui s'affaisse et croule de toutes parts.

En vue de cet ordre de choses, je voudrais qu'il n'y eût pas en France et dans le monde civilisé *une seule personne* qui ignorât ces grandes choses et que chacun pût se dire : Je sais que nous sommes à la veille d'une grande révolution sociale, à la veille d'un cataclysme qui va engloutir la vieille société monarchique et catholique, mais nous connaissons tous quel est l'homme que Dieu a choisi pour mettre fin à cette Révolution sanglante, et qui aura l'intelligence assez puissante pour jeter les bases d'un monde nouveau lequel sera l'âge d'or des peuples et le Règne de Dieu sur la terre, Règne de vérité et de justice, annoncé par Jésus-Christ, qui nous a enseigné à prier et à demander à Dieu : *Que votre Règne vienne ; que votre volonté soit faite sur la terre comme au ciel.* (S. Mathieu, VI 10).

Voilà pourquoi, Monsieur le Président, je ne néglige aucune occasion pour donner à mes idées et à mes sentiments la plus grande publicité ; voilà pourquoi j'ai écrit le présent mémoire que, plein de confiance, j'adresse au gouvernement de la République française ; voilà pourquoi je sollicite avec instance l'honneur d'être entendu au sein de la Chambre des députés.

Voulez-vous, Monsieur le Président, appuyer ma demande auprès de Messieurs les Députés ; voulez-vous m'accorder votre puissant concours de manière à provoquer une discussion publique sur les nombreuses questions que comporte **l'économie sociale ?**

Dans l'espérance que vous m'accorderez votre concours et votre appui,

J'ai l'honneur,

Monsieur le Président,
de vous présenter mes hommages les plus respectueux.

Jean-Louis VAïsse
Publiciste moraliste,
Auteur de la doctrine nouvelle **Le Spiritualisme** qui donnera la solution pratique de tous les grands problèmes sociaux qui s'imposent à la génération présente.

TABLE DES MATIÈRES

CHAPITRE V

RÉFORMES ÉCONOMIQUES INDISPENSABLES A FAIRE SI L'ON VEUT RÉELLEMENT DÉTRUIRE LA MISÈRE PARMI LES NATIONS

RÉSUMÉ

LETTRE

LETTRE

FIN

IMPRIMERIE VIALELLE ET Cᵉ RUE TRIPIÈRE, 9.

Original en couleur

NF Z 43-120-8

BIBLIOTHÈQUE
NATIONALE

CHÂTEAU
de
SABLÉ

1991

www.ingramcontent.com/pod-product-compliance
Lightning Source LLC
Chambersburg PA
CBHW050517210326

41520CB00012B/2348